跨界营销实战

吴学刚 ◎ 编著

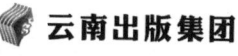

云南出版集团
云南人民出版社

图书在版编目（CIP）数据

跨界营销实战 / 吴学刚编著. -- 昆明：云南人民出版社，2021.6
ISBN 978-7-222-20116-3

Ⅰ．①跨… Ⅱ．①吴… Ⅲ．①市场营销学 Ⅳ．① F713.50

中国版本图书馆 CIP 数据核字（2021）第 117022 号

出 品 人：赵石定
责任编辑：李　洁
装帧设计：周　飞
责任校对：胡元青
责任印制：马文杰

跨界营销实战
KUAJIE YINGXIAO SHIZHAN

吴学刚　编著

出版　云南出版集团　云南人民出版社
发行　云南人民出版社
社址　昆明市环城西路 609 号
邮编　650034
网址　www.ynpph.com.cn
E-mail　ynrms@sina.com
开本　710 mm × 960mm　1/16
印张　17
字数　200 千
版次　2021 年 6 月第 1 版第 1 次印刷
印刷　永清县晔盛亚胶印有限公司
书号　ISBN 978-7-222-20116-3
定价　45.00 元

如有图书质量及相关问题请与我社联系
审校部电话：0871-64164626　印制科电话：0871-64191534

云南人民出版社公众微信号

前　言

　　曾几何时，移动互联网如一夜春风，吹向了各个行业，几乎所有行业都在互联网化。在这个"移动互联网+"的时代，融合、跨界成了商业世界里的新趋势。资源、产品、渠道在移动互联网上被打通，企业和商家只要把终端消费者吸引过来，就能赢得利润，立于不败之地。

　　跨界已成为一种全新的体验和趋势，它没有边界，无所不在。互联网、移动互联网带来的跨界浪潮正以前所未有之势颠覆传统行业，未来几乎所有的产业都将互联网化。跨界在其中起着至关重要的作用，跨界的发展和延伸必然会打破几乎所有的壁垒和边界。

　　其实早在2013年，"跨界"就已经成为中国互联网发展的热门词语，比如：本来做互联网的，做起了金融，卖起了保险；做视频网站的，卖起了电视机；而卖电视的，则玩起了互联网……在迈向大互联的今天，"跨界"已经成为一种必然的趋势。

　　跨界营销，就是聚合合作各方的优势资源，以取得"1+1>2"的营销效果。当两个个性十足且风马牛不相及的品牌联袂"演出"时，首先就能吸引眼球。这种营销新模式，大大避免了商家单独作战的乏力感。借助双方内在特质的相关性而进行"有型有趣"的营销攻略，既令营销活动充满趣味性，又能取得事半功倍的效果，可谓一举多得。

具有共性的目标消费者是不同行业的企业进行跨界营销的必要条件，而品牌特质的一致性则是跨界营销的前提条件。品牌的角色感可以把品牌消费群体对文化、利益等方面的追求进行统一整合，从而产生聚合效应。跨界营销是一种将人类共同情感价值链接到品牌上的有效模式，不同而又相关的情感因素彼此碰撞后将产生新的市场机会点，催化出更大的市场空间。

新的市场形势与竞争态势需要经营者具有"跳出营销做营销"的新思维，但作为一种尚不太成熟的营销方略，跨界营销在现实当中并未被正常演绎。跨界营销，同样需要从策略构想、合作邀请、谈判到执行跟进等各个环节的紧密衔接，像传统的营销活动一样需要论证与精准地实施。跨界营销的非传统性使其未被管理者列入企业日常的营销事务中，但它又因强大的创新性而具有广阔的发展前景。

跨界营销不同于常规的跨界合作和跨界联合促销，它是一种新型生态的营销模式。看起来很混搭、不伦不类，但掀开所有表面性的浮华，我们会发现跨界营销清晰的脉络——它有独特的内在逻辑和操作法则。

在移动互联网时代，再守着传统营销思维，你就out了！如何找到一个好的营销模式，抢占商机，让企业的产品（业务）信息在第一时间被大众看到，激起消费者的强烈购买欲望，是每一位企业经营者需要思考的问题。

《跨界营销实战》以"移动互联网+"为切入点，从宏观层面分析了当前的市场环境和经济发展趋势，以此说明跨界的重要性，并阐述了跨界思维、跨界营销为企业带来的竞争优势、盈利模式，以及企业如何做"跨界之王"。本书结构清晰、案例丰富、实战性强，向读者呈现了一套系统、清晰的跨界思维，让读者找到适合自己的跨界营销之路。

目　录

第一章　"互联网+"时代，跨界是一种趋势

1. "互联网+"时代下的跨界营销..................003
2. 传统生意与新兴行业的亲密拥抱..................007
3. 你不跨界，时代就会让你"脱轨"出局..................012
4. 移动互联到来，跨界才能有传播..................017
5. "开放"是跨界的核心..................022
6. 跨界是一个系统的工程..................026
7. 跨界是创新思维方式的代表..................030

第二章 打破传统营销模式，开拓"跨界"新思维

1. 传统零售业跨界互联网成为趋势 039
2. 移动互联网的创业机会多 042
3. 虚拟和现实之间的跨界 045
4. 网络整合营销 049
5. "微跨界"也是一种变通 051
6. 根据自身特点进行跨界营销 055
7. 匠心独具的创意性营销 059
8. 不同行业跨界合作，共享彼此市场 062

第三章 把握移动终端，实现强势跨界

1. 敢于及时触网，懂得适时转变 069
2. 网络口碑营销 072
3. 利益共享才能跨界共赢 076
4. 消费群体有共性才能跨界成功 081
5. 线上游戏带动线下销售 084
6. 品牌优劣势可进行相互补充 088
7. 坚持以用户为中心的原则 093

目　录

8. 一次独辟蹊径的宣传·····················096
9. 跨界营销提高品牌知名度·················100

第四章　微博营销，跨界营销新通道

1. 微博营销的6大法则·····················107
2. 微博推广也需要人脉·····················110
3. 微博加"粉"有技巧·····················115
4. 主动关注别人，别人才会关注你···········120
5. 通过新闻事件增加关注度·················123
6. 提高微博转发率·························126
7. 利用推广工具效果更好···················131
8. 煽情、幽默、图文并茂···················135
9. 有奖活动一定要有创意···················139
10. 通过微博巧妙发广告····················143

第五章　微信营销，让跨界更简单

1. 微信平台撬起"新商机"·················149
2. 灵活运用微信公众账号···················153
3. 让陌生人愿意加你为好友·················156
4. "摇一摇"，神秘之余摇来"生意"·········158

5．签名栏是一个很好的"广告位"..................160

6．产品是营销的关键..................163

7．微店也是一个不错的选择..................165

8．依靠内容打造吸引力..................169

第六章　网络视频，体验式跨界营销

1．投其所好，直击视频的创意..................177

2．多元化情景体验..................180

3．幽默的一对一客户服务..................184

4．充分发挥网络直播的特性..................187

5．主题剧场的精准营销..................190

6．以视频传播激励线上线下互动..................192

7．多媒体平台相互结合..................195

8．靠创意提高点击率..................197

9．一种复合式的宣传方式..................199

第七章　社交媒体，跨界传播引爆点

1．与网络社交平台合作..................205

2．用创新思维使用新媒体..................209

3．与火炬在线一起做网络宣传..................213

目 录

4. 运用多种媒体形式实行整合营销 216
5. 精确定位的互动营销 220
6. 运用多种"武器"进行跨界营销 226
7. 依靠好友关系链传播 230
8. 利用社交平台庞大的用户基数 233

第八章 搜索引擎,跨界拓展新市场

1. 搜索引擎营销的一般流程 241
2. 常见的信息搜索方式 246
3. 通过各种搜索引擎优化整合活动 250
4. 强强联手,扩展品牌影响度 253
5. 整合搜索引擎营销 257
6. 多重形式植入式搜索广告 259

第一章

"互联网+"时代，跨界是一种趋势

移动互联网是当前的时代趋势，已势不可挡，企业间、产业间的跨界合作一定会成为大方向，因为在这个互联时代，几乎没有企业可以独活。

第一章 "互联网+"时代，跨界是一种趋势

1. "互联网+"时代下的跨界营销

　　过去认为彼此没有关联度、难以融合的产业，现在往往能够找到有机联系的节点，但是，市场真正需要的是专业的跨界。只有以市场需求为出发点的跨界，才能实现企业自身的精准定位，并最终找到具有竞争优势的发展路径。所以寻找定位准确的高价值的切入点，便成为实现完美跨界的关键所在。iPhone（苹果公司研发及销售的智能手机系列）手机和特斯拉电动汽车，分别让乔布斯和马斯克在科技产业领域名利双收，通过分析可见，这两个明星产品都是电子产品互联网化跨界中的佼佼者。

　　其实电子产品互联网化只是冰山一角，整个工业、制造业的互联网化趋势都非常明显。潘石屹很懂得跨界，但遗憾的是，坊间总是冠之以"作秀"的名头，站在一边看笑话，看老潘如何演好戏。"狗仔"们则以挖掘笑料谈资及花边新闻为乐，"粉丝"们显然更喜欢围观名人的搞笑"剧情"。其实站在营销的角度上讲，作为一位知名企业家，潘石屹公开的每一个动作都不是简单的作秀，而是一种颇有深意的跨界营销。

　　这位经常"讨要"关注的地产大佬似乎总是闲不住，给外界的印象则是越来越"不务正业"。而随着曝光的次数增多，他的身份也增添了更多的娱乐色彩，他甚至自称为"潘子怡"。看来潘老板还是很有自知之明的。

2012年8月，粉丝们对优酷推出的脱口秀节目《老友记（Mr. Pan）》表现出了很大的兴趣，原因是潘石屹在其中客串主持人。早在2006年他曾主演电影《阿司匹林》，如今又与刘谦等娱乐新星联手登台。

在娱乐圈成名之后的潘石屹也为很多知名品牌拍摄电视广告，这又为他赚足了人气。而作为潘石屹首个主持的视频节目，《老友记（Mr. Pan）》自2012年8月初推出以来，不到半年播放量即突破1000万次，风头盖过了其他专业娱乐明星。

《老友记（Mr. Pan）》是为潘石屹量身打造的，拍摄地点经常选择在朝外SOHO——被潘石屹称为"那里有北京CBD（中央商务区）最美的风景"，而刘强东、任志强、贝志诚等各路神仙的出现又大大吸引了业界的关注。

由于有了这样超赞的粉丝基础与市场反响，潘石屹又趁热打铁，根据视频节目内容顺势推出新书《屹见》。这本书把跨领域跨行业的精英对话进行了一个总体的整合，书的第一页就写着"跨界的思想，混搭的光芒"几个字。

潘石屹思想上的预见性在书中展露无遗，有一个经典的说法是"预见才能遇见"，他也用很简单的语言阐述了开发SOHO的原因："如果想胜出，我觉得最重要的是要知道这个世界发生了什么变化。我们发现这个时代影响人们最深的就是互联网。它决定了人们最新的生活方式：可以在家办公，我们就此确认了SOHO的建构模式。"而事实是，他开发的楼盘一度占据了北京CBD地区将近一半的销售额，在多年以前，他就已经胜出了。

这说明个人的成功与企业的成功都是需要先完成"顶层设计"，如果在没有预见的情况下就遇见了，那一定是"瞎猫碰到了死耗子"。

面对史上最严厉的调控政策，潘石屹不谈房子，而是跨界到了新媒介来讲自己的故事。不嫌忙碌的他更是频频游走于各艺术、时尚、娱乐圈子之间，甚至在各种演讲、论坛、沙龙场合均投入了很多的精力，在这些活动中尽管"颗粒无收"，但潘石屹依然乐此不疲。

经常露面以保证自己在公众视野中持续拥有热度，潘石屹成为时尚潮流和新生活方式的先锋人物。他成功地把自己塑造为当今中国的"意见领袖"，其实这对其楼盘的推广来说，是最好不过的广告。

显然，潘石屹并不是盲目地跨界，他的跨行业"打拼"正是其营销战略的一部分。醉翁之意不在酒，在其隐含的商业价值上。在建外SOHO的客户统计中，国内异地客户达到了半数，占50.23%，这里面不排除慕名而来的"粉丝"客户，这自然离不开老潘的跨界效应。潘石屹对此当然有着清晰的认知，他说："这种宣传当时看不出效果来，但以后你不知道什么时候就会有人因为这个来买房子。"

所以，潘石屹的跨界从一定程度上讲，是服务于其营销战略目标的。

继《2012是真的》点击量达300多万、在微博上被转发了两万多次之后，潘石屹又参与了由多方联手打造的财经微电影《拆弹专家》系列剧的演出，而前者成为2012年过年前网络世界里最具热点的微视频之一。

跨界营销实战

潘石屹的项目立足前卫和时尚，不拘一格的建筑设计和新奇前瞻的时尚概念，却在价格比同类项目都高的情况下取得了成功，他用自己的行动告诉公众：新鲜的东西在市场上才有冲击力。同时他也通过不断的跨界印证"新鲜最好卖"的论断。

像乔布斯一样，潘石屹在跨界中也培养了一大批"粉丝"，他积极地通过新兴媒介来传播他的经营"布道"，更是把微博的功效运用得炉火纯青，其个人微博已拥有上千万的"粉丝"。显而易见的是，这些动作都带动了SOHO中国企业形象的提升。

潘石屹说："世界正在发生日新月异的变化，故步自封只会被淘汰。而新的传播方式正引领着世界的变革。"人的思想是新鲜的，理念也是新鲜的，同时，营销方式也是新鲜的，洞察蓝海机会是他们的看家功夫。

在《屹见》新书发布会的现场，潘石屹把有关环境的热点问题以及自己推动关注PM2.5的努力，成功导向银河SOHO项目。在宣扬新项目的绿色环保的同时，SEE·TNC颁发的生态奖更是帮助老潘和他的项目树立了模范形象。（摘自《领先跨界的"主角营销"》）

一流的经营者从来都不拘泥于固化的营销模式，在他们眼里，不同的媒介与圈子都是上好的跨界资源，而各个渠道与圈子之间又可以互相借力，他们是在不同领域里像鱼儿一样的穿梭者。

潘石屹说："我骑自行车，有人说路太远，你骑自行车走不到。但我走了一段换成了汽车，天黑以前我到了。我开汽车时他们又说，前面没路没桥有一座山，你过不去。我照样往前走，到了山前我换了一架飞机飞过来了。"

成功者永远拥有一般人所没有的眼光，更是把问题和危机都运作成了机会。正像小品中所表演的那样，不按套路出牌，竞争对手更看不清你的"拳路"，所以你才能充当领袖。

就房地产行业而言，如何在下行的压力面前寻求有效突围，是企业主必须要考量的问题。潘石屹借助跨界营销把"创意"做成了自己的核心竞争力，对他而言，似乎脚下永远有路。

如今，互联网化跨界产生的一系列的新兴模式都被称为"互联网+"。马化腾认为："互联网+"代表的是一种互联网产业与其他产业跨界融合的大趋势，"+"的内容涵盖了传统的各行各业。"金融+"产生了互联网金融、"汽车+"孕育了车联网，"零售+"发展成了电子商务。"互联网+"模式如雨后春笋般层出不穷的原因，在于互联网将一切变得更加高效。正如张晓峰的观点："企业创新的方向不一定要完全颠覆某一个行业，但是一定要找到这里面没有被服务好的那一部分是什么。"瞄准市场需求，找到行业发展中价值驱动的关键性要素，与互联网进行创造性的融合，跨界才会水到渠成。

2. 传统生意与新兴行业的亲密拥抱

如今，新兴的电商行业到底有多火，从传统生意与新兴行业的亲密拥抱就能看出端倪了。

跨界营销实战

2013年年初,中国南方航空公司与微信联手,手机用户可以在微信通讯录上直接搜索"中国南方航空",或者通过微信扫描二维码,就可以随时随地随机预订自己喜欢的座位,获取电子登机牌,并在机场自助打印纸质登机牌,有的用户甚至只需凭身份证和电子登机牌就能通过安检。(摘自《中国南方航空公司的微信营销策略研究》)

微信的推出具有划时代的意义,尽管它的发展初衷只是一款移动社交工具,但当它拥有数以亿计的用户之后,它的价值就远远超越了移动社交工具这一初始功能。在营销领域,有业内人士这样形容,如果微博是机关枪的话,那么微信就是手枪,微博杀伤面积广,同时满足远距离射杀,而微信则相对精准,适合短距离射击。

南方航空就较好地把握住了微信的这一特性,尽管已经有了官方网站和呼叫中心等传统的服务方式,但面对4亿微信用户且拥有语音、图片、视频、地理位置定位等多种功能的新的沟通方式,还是不能不动心,南方航空对它的重视程度丝毫不亚于做官方网站。

这种特别适合存量客户的一对一营销服务,把以往通过浏览器打开的所有应用搬过来,用户可以直接模拟现场选座位,也能放大缩小,完成APP(移动终端应用程序)、网站、电话能够做到的所有事情,在乘坐飞机之前,就能在家里设定好自己心仪的位置。用户因此实现了与南方航空一对一的互动,就像面对面交流一样,可以对航班、天气等进行细致了解。同时,经营者也可以对客户进行更贴切的分析与定位。

尽管有不少商家像南方航空一样不仅仅依赖微信做营销，但随着跨界理念的成熟，微信正承担着越来越重的营销角色。2013年7月，微信推出跨界产品——游戏《天天爱消除》，面市第一天下载量即超越《植物大战僵尸2》，在苹果应用商店免费榜中排名第一。

在微信5.0版本中，腾讯更是引入了支付、表情商店、游戏中心、二维码扫描、条形码报价、封面、街景等多种功能，以客户端汇聚的海量用户群为强力依托，它正在成为一个跨界王国。

借助微信平台的天然优势，企业经营者可以把营销做得更细致。布丁酒店就在微信营销中融入了亲情内容，除了搭建人性化的"导视系统"外，布丁酒店的微信还具有定位功能，为顾客提供精准的服务信息。而在"一体化服务"中，布丁酒店微信的所有功能和信息均与布丁酒店官网及手机官方APP保持一致。

当然，如果只是硬性的服务还不足以体现商家的诚意，顾客成功预订房间即可享受房价9.2折、每个订单再减10元、每次入住可获赠热饮1份等微信会员专属特权优惠，并把手机用户直接切换到了"VIP模式"。

这样的营销手法给"拇指族"们提供了一个"想说爱你很容易"的体验式消费环境，而微信平台固有的新鲜感与普及率则为其营销创新"保驾护航"。

品牌战略专家李光斗曾说，中国的消费结构正在发生巨大变化，80后、90后总人数已接近4亿，年轻一代成为消费的新生力量。随之而来的媒体传播环境的变化，使已经"功成名就"的大品牌面临巨大挑战。正因为80后、90后人群是微信的核心"粉丝"，所以说，伴随着80后、90后消费时代的到来，商家如果无视这一现实，即便那些资深品牌也会有"出局"的危险。

社会化营销趋势不可逆转，微信平台的马太效应已经形成，像当初的微软和QQ一样，它的黏性服务令用户很难离开，谁离开，谁就会在主流社交层面出局。因此构建于微信之上的跨界营销也就彰显出了强大的生命力。

相对于微博而言，微信内容更丰富，也更有立体感和存在感。每条微信可以发数百字的推送消息，用户们能浏览更多的资讯。如果想进一步了解，则可借助网页链接等形式，看到更丰富的内容。而语音、视频、图片等多样化的形式则为拥有自主品牌的企业提供了更宽裕的选项，经营者可以建立自主的公众账号，用心宣传自己的产品或将品牌内涵善意地传播出去，也可以提供一些充满正能量的休闲、励志文字、图片内容，赢得受众群体的好感。

企业也可以"非功利性"地合理运用二维码扫描、位置服务等，向用户推荐促销、团购、订位等服务，此外还可以通过用户分组和地域定位，向目标消费群体精准地推送消息，实现"指哪打哪"的高精度营销和有效传播，让企业信息直达目标客户群。此外，还可以应用个人主页、朋友圈等宣传品牌资讯以及企业的相关动态。

最重要的一点是，微信迎合了社会化营销的趋势，在微信推出公众平台之后，跨界营销就开启了一扇新的大门。有资料显示，微信现在有3万个公众平台认证账号，其中企业账号占70%左右，成为当下移动互联网最具有商业价值的营销平台。

作为一个超级入口，微信承载着基础通信工具、浏览器、新闻阅读器、社交工具、语音提醒工具等多重"职责"，称得上是一个跨界王国。同时它也为企业提供了更为便捷的营销渠道——通过二维码订阅，就可以让用户贴身感受企业氛围。这种即时互动与在线交易的方式,在网络平台即可实现企业与用户零距离交流与交易。

WIFI环境下的微信使用成本甚至可以低至零,它同时是一个口碑营销的渠道,用户随时可以将"第三方应用"上喜欢的内容"一键分享"到微信朋友圈中,尤其是充满创意的趣味性内容会很快在不同的圈子里传播,进而实现跨圈子的口碑效应。

如果营销人员在自己的签名栏植入强制性广告,那么其他用户通过微信查看"附近的人",简单的签名栏就会变成一个可视化的"免费广告牌"。

对于商家来说,需要做的是培养足够多活跃、忠实的"粉丝",通过充满温情的实用功能吸引他们关注,使他们乐意"被影响",通过"搜索即服务"的体验,在一对一的沟通中达成个性化或私人订制式服务,从而在"粉丝"群体中建立品牌好感和信任感,提升目标消费者的忠诚度,自然会引发消费。

微信更像是一个亲情营销的平台,所以跨界营销中需要更多的是向受众提供产品信息,而非功利性地进行产品销售。跨界营销的号角已经吹响,就看商家要扛起什么样的旗帜了。

事实上,随着电子商务的蓬勃发展,传统行业都在加快与新兴电商行业合作的步伐。很多传统的农业、工业等领域通过与电子商务的"联姻",仿佛获得了第二春,焕发了新的生机。

3. 你不跨界，时代就会让你"脱轨"出局

2014年，中国互联网发展的一个关键词便是"跨界"。以电子商务起家的阿里巴巴一边卖保险，一边做起了金融；资深视频网站乐视不甘寂寞，卖起了电视；彩电领域的大牌长虹也跑去玩了一把互联网……各大佬转战江湖，纷纷跨界出招，可谓热闹非凡！

各领域的跨界趋势在几年前已经出现萌芽趋势，近一两年更有凶猛之势。那些看起来不搭边的产业，突然之间就靠拢在了一起。不同领域、不同产业之间不再呈现明显的割裂之势，而是在向同一轨道逐步靠拢，于是今天的同盟，可能会成为明日的对手；而昨日的对手，也可能会成为今天的伙伴。

即便在全球范围内，边界的力量也正在被逐步打破，传统的既得利益者经过殚精竭虑才建立起来的行业壁垒，可能只能沦为一道"马其诺防线"。

硬件公司有越来越多涉足"软件"的趋势，而软件公司也越来越"硬"，比如微软做起了硬件，这使它与传统Pc合作伙伴的关系变得有些扑朔迷离了。苹果、三星无疑是成功的跨界者，而它们之间的跨界之战也是异常激烈的。

在互联网大步迈向"大互联"时代的今天，跨界已经不再是一种用来炒作的噱头，而是时代背景下的普遍现象与必然趋势。在互联网网状联结的世界里，天然的边界是不存在的。如今互联网的高速发展为我们带来的跨界表现，

可以从以下三个方面阐述。

（1）产业层面

虚拟经济与实体经济之间的相互融合，商业模式随着平台型生态系统的完善而呈现的发展趋势，让"边界"这个词在很多产业之间变得越来越模糊。就像阿里巴巴一样，若一定要用一个词来给它定义的话，那就是"产业无边界"。

（2）组织层面

互联网的发展带来了日益明显的专业化分工，而对传统的组织管理而言，"虚拟化组织"的增多是一个不小的挑战，因为已经看不到像以前那样明显的组织边界了，即组织无边界。

（3）人才层面

在如今的互联网时代，便捷的信息传播方式以及呈爆炸式增长的信息量，让信息不对称性在逐渐消失，而身处其中的每个人都在或被动或主动地接受着跨界知识，各类跨界人才也就成了各大企业竞相追逐的对象，尤其是能够横跨互联网与传统产业的专业人才更是难能可贵。

跨界思维对于我们每个人而言，意味着要突破传统工业时代崇尚的严密、精准、控制性的思维模式，要敢于突破思维局限，在传统与创新、理性与感性、专业与人文之间寻找新的平衡点、交叉点，甚至要重新审视自我，颠覆自我，然后再重塑自我。

产业层面的跨界，可能发生在邻近的产业之间，也可能是将看起来毫无关联的产业联系在一起。此类案例举不胜举：摩托罗拉、诺基亚、爱立信、索尼等曾经稳居手机产业大佬位置的公司，在这之前大概不会想到它们会被谷歌、苹果等来自毫不相关产业的公司所颠覆；中国联通、中国电信与中国移动三大电信运营商大概也从未想过有一天会被一个叫微信的App叫板；创维、TCL这些电视大佬们大概也预料不到，乐视、小米这些原本毫不相关的小弟弟们也敢跳上台来与自己同台竞技？然而，这些事实已经在我们的世界里发生，或者正在发生，由不得你不去认真对待。

互联网所带来的跨界竞争已经打破了原来各产业的线性格局，原本各产业的基因序列要为此重组一番了。对此，阿里巴巴创始人马云在公司内部演讲时曾说："传统零售行业与互联网的竞争，说难听点，就像在机枪面前，太极拳、少林拳是没有区别的，一枪就把你崩了。今天不是来跟大家危言耸听，大家都是朋友，互联网对你的摧毁是非常之快的……"

在未来的行业竞争中，一场跨行业洗牌的分金盛宴将全面展开。就让我们一起来领略一下吧！

瑞星杀毒收费业务就是一个典型案例。依靠全部服务免费插足进来的360杀毒可谓让整个杀毒市场都翻了个底朝天；曾经的几大电信运营商靠收通信和短信费舒舒服服地过了十几年，而微信推出的免费服务项目让他们大惊失色；如今，马云更是高调发起了菜鸟计划，这让快递行业的大佬们做何感想。

中国绝大多数的培训机构、商学院都是收费的，而和君商学院领先开启了免费模式，用免费教学的新模式吸引了大量的高校才子，和君商学院很快为公司招募了大量人才，不用培训就能直接上岗。我们说，最好的投资就是对一个人的思想进行投资，当思想高度一致时，有什么解决不了呢？

未来十年，中国商业领域将会被跨界者们大规模打劫。人们的生活方式

第一章 "互联网+"时代，跨界是一种趋势

正在随着互联网的变革而发生根本性的变化，不懂得变革的企业，必将被这种浪潮淹没在历史洪流中。曾经恐龙级的沃尔玛如今正在关闭它的多家超市，还有哪个商业巨头能够一成不变地屹立长存呢？在这种大规模的变革浪潮之中，任何一家公司若不能随着消费体验的改变而改变，那么等待他们的都只能是失败的结局。

跨界者正在以前所未有的速度创新，然后从一个领域转战到另一个领域。边界的交界已经打开，由此开始，传统的零售业、服务业、运输业、广告业、医疗卫生业酒店业等都有可能面临冲击。商业领域的先分后合也正在开始：分的，是那些传统的大佬企业；合的，是新的商业模式，是一个更全面、更便捷、更关联的商业系统。

机场不能成为社交中心或者娱乐场吗？肯德基不能变成人们学习、交流的场所吗？银行的等待区不能变成一个新华书店吗？我们只能说，一切皆有可能。

你不敢跨界，就有人敢跨到你这里来"打劫"。未来十年，将会有无数个马云、马化腾横空出世，搅翻各个传统领域。数据将重构商业，流量将改写未来，数据代码将代替传统的旧思想，一切将在我们面前推倒重来。

这一切的跨界颠覆，你可以假装看不见，却不可能不受冲击。未来，背景、学历都将不再是最重要的资本，跨境和创新思维是人才的明天。

怎么样，这些话是不是听起来心有戚戚？马云曾说："很多人恨我，因为我们摧毁了很多昨天很成功的企业，一些既得利益者对我很生气，但我绝对不会因为你生气就不去做我认为对的事情，因为我们没有把互联网当作一个生意，我们把互联网当作一场革命。"这些话他说了很多年，也一直做了很多

次。比如支付宝掀起的互联网金融革命，它可能会招来传统银行的忌惮，可是它的对手就是传统银行吗？不是。支付宝真正的目标是要消除现金在交易中的使用。未来的阿里巴巴可能会成为中国最大的金融集团之一，如今它已经在分食金融行业的蛋糕。

在这个时代，新的革命从未结束，更新的革命又一直在酝酿，革新成为经济生生不息的发展过程。中国经济的每个领域（包括服务、信息、金融、娱乐、能源、医疗等），都将面临新模式、新技术的重新洗牌，跨界盛宴将轮番登场。

在这个大互联时代，所有传统产业都避不开两层竞争：第一层是传统产业机构与跨界者之间的竞争，大量跨界者将凭借大数据与互联网优势侵占传统产业的领域；第二层是加速了传统产业内部全国性企业与区域性企业之间的竞争，以及大企业与中小企业之间的竞争。传统产业内部原有的信息不对称和物理区域壁垒已经被大数据和互联网打破，所有传统企业都站在了同样高度的竞争台面上，这必将加剧竞争程度，同时加速企业的优胜劣汰。所以说，互联网这个跨界的"野蛮人"，正在重塑着原有的传统产业格局，以及新的互联网产业格局。

互联网发展带来的跨界竞争，已经赤裸裸地展现在大众面前，我们的生活也在面临着新的洗礼。这场跨界竞争必将打破原有的商业秩序，让一切重构。你不跨界，就会被别人"打劫"；你不跨界，时代就会让你"脱轨"出局！

4. 移动互联到来，跨界才能有传播

"他山之石可以攻玉"，营销领先即是市场领先、企业战略领先，可以帮助企业越过发展瓶颈，既不至于像诺基亚那样被收购，也可降低像HTC那样品牌没落的比例，从而使企业持续发展。

小米天猫旗舰店在2013年"双十一"期间，开卖3分钟即完成计划中所有订单，销售额超过1亿元，使它成为天猫"双十一"活动中首家销售额过亿元的商家。而更可观的是在接下来的7个小时内，小米产品的总支付金额突破4亿元，开创了天猫平台的历史之最。

不难看出，擅长饥饿营销的小米也是跨界营销领域的佼佼者，其"即将发布一款神秘新品"的营销宣传在跨界营销的催化下更显卓越。2013年8月12日，小米公司推出价格为799元的"红米"品牌机型，首发唯一窗口锁定了腾讯QQ空间，第一批产品放量10万台。

作为小米公司深耕千元智能机市场的重量级产品，"红米"承载着涵盖不同市场区间细分定位的品牌重任，而随着行业发展的成熟和透明化程度的提高，产品周期越来越短，价格越来越低是必然趋势，手机行业也不例外，因而营销策略的选择更加重要。

小米在QQ空间只有10万台备货，但首发当日半小时内预定数量即已超过100万，几个小时以后这一数据增长到了300万，其合作方——腾讯公司也因为这个庞大的数字而增加了流量。

千元以下已经成为低价智能手机成交量最高的价格区间，这个区间的目标消费者也更加注重性价比中的"价"。每天大约有2亿用户通过智能手机登录QQ空间，这个全国最大的社交空间的用户主要是16岁到35岁的年轻群体，他们的收入结构、受教育水平等更符合小米的目标客户定位，更低的价格、更高的性价比自然更迎合他们的需求。既然他们不愿意在电子产品上投入过多，那么走平民路线的"红米"就以其精准定位当之无愧地立身于智能手机行列。

小米手机是用户登录QQ空间的主要端口之一，用户数量和熟人圈子是QQ空间为其加分的利器。而在较早前，小米也曾与新浪微博平台联手跨界，与QQ空间纯粹的窗口不一样，"粉丝"们可以在这里直接完成所有购买流程。

在当今的营销语境里，从来都不缺少话题。参与预订活动的用户需要转发小米官方微博的相关促销话题，很短的时间这条微博话题就被转发数百万次，小米的微博话题很快成为一个热门话题，跨界式营销被切换至话题式营销，与乔布斯时代的苹果式炒作有些类似，但不同的是，这是一次双赢的炒作。（摘自《小米的饥饿营销》）

由于小米手机消费群与微博的用户群有一定的相似性和重叠性，小米联手微博属于渠道跨界，而对新浪微博而言，则是增加了一种营收模式，它宣告自己也有电商的功能。

就当时而言,阿里巴巴入主新浪微博的话题甚嚣尘上,小米突然出现在"焦点"中,正好可以借其话题之势提升自己的知名度,是一次很好的宣传机会。这也证明跨界营销与话题营销是可以同时交叉进行的,商家可以借助话题跨界,跨界本身又可以制造话题,可以起到互相推动的作用。

小米公司在跨界营销策略的选择上可谓大胆前瞻,除了与有行业相关性的微博平台合作外,它还把手搭向了国际饮料品牌商可口可乐,近3亿瓶可口可乐的产品上面都被打上小米手机的广告。"揭盖赢惊喜",看似常规的营销动作,小米手机却充分借力于国际一线品牌的号召力提升自己的身价,又通过为可口可乐独家订制酷炫的手机操作主题及推出限量版可口可乐主题手机,实现双方品牌特性的融合。当然,最主要的是小米手机的品牌认知度得到了大幅提升。

小米手机又创造了一个话题,如此精耕细作,把跨界营销运用得生动自如,融话题与创意于一体。与根深叶茂的百年大牌"捆绑",小米手机把"开放、快速、创意"的互联网基因深深地植入到成熟的传统行业当中,同时与近3亿瓶可口可乐旗下产品一起,一举拿下可口可乐全国八大省市的传统营销渠道。

有名又有实,小米手机的另辟蹊径告诉大家,不光在新兴媒介,在传统渠道上也可以实现富有成效的营销破局。可见,跨界营销思维,给商家开创了足够大的想象空间。

由于可口可乐拥有稳健的软硬件资源，可口可乐所在之处，小米手机都可以进行"试水"。这既有助于其拓展包括香港、台湾在内的国内市场，也有助于其拓展国际市场。

看起来小米沾光了，但可口可乐也不吃亏，这同样是个双赢局面。诚如可口可乐高管所说的那样，"可口可乐跨出了国际品牌与本土新锐品牌合作的第一步。小米不仅为可口可乐独家定制了酷炫的手机操作主题，同时也设计了多款融合可口可乐经典元素的主题，将国际性的流行文化元素与本土时尚进行了一次潮流混搭，并将两种截然不同的品牌文化和谐呈现，让消费者感受到了前所未有的品牌体验。"

小米利用了可口可乐本土化的战略需求，借助其"国际范儿"耕耘其自身的国际化之路，双方各取所长，相得益彰。

跨界营销有时候能够创造很多的"破天荒"。小米还书写了另一个"破天荒"——与自主销售式服装网站B2C——凡客诚品联手在其平台上销售小米手机，叫价居然低于小米官网。

行业跨度大有时恰是跨界营销的基石，行业跨度越大，双方的共性在营销中所起到的作用就越突出，从根本上避免了"内部竞争"的可能性。

以用户体验取胜就是小米与凡客的共性，用户群体上的匹配性为它们提供了合作的前提条件和可行性。

在服装电子商务平台销售手机，可以最大限度地网罗服装电子商务平台的销售渠道，同时不与同行走相同或者相似的路，避免了短兵相接的竞争，使自身的资源得以保全。而凡客的回报则是小米的3c营销资源，有凡客高层表示，凡客每天的新增用户里，有20%来自小米手机的销售。

当然，多元化是不少电商的经营模式，凡客会不会因此而把业务扩展至手机领域尚不得而知，不过小米的领域跨界又开创了一个"第一次"。（摘自《小米营销案例分析》）

每一个成功的品牌，都能比较精准地界定其目标消费者的某种特征。但因为其精准，又不可避免地出现其品牌特征上的单一性，这也使得品牌容易受到外界因素的制约，尤其是当特征趋同的竞争品牌出现时，该品牌就会陷入被动，这种受制于外部因素的局面当然不利于品牌的成长。不过寻求一个互补性品牌的"资助"则能在一定程度上化解这个"劣势"，"劣势"是一个相对存在，它是在品牌不可能"大而全"的情况下的一种客观存在，这也是新浪微博、可口可乐为什么需要与小米联手的原因之一，大品牌同样需要"抱团取暖"。

通过跨界合作，企业可以借助合作对象在短板方面对目标群体特征的描述，来完善其品牌的整体印象，从而利用对方的品牌个性在短时间内让受众对自己产生更具张力的品牌联想，以此增强品牌的抗压性和竞争力，这也是跨界营销的魅力所在。

5. "开放"是跨界的核心

未来的商业世界是"无边界"的，是否有足够的开放性是评估企业跨界能力的一个关键因素。"假如颠覆性创新，只是在一个封闭的内部系统里进行，那么创新则很难实现。"张晓峰说。只有以高度开放的心态去深刻地洞察企业的跨界战略，才能深入思考和设计具有创新性的商业模式。

马云曾表示，阿里巴巴的目标不是去做一个"帝国"，而是更希望去构建一个生态系统。在开放的互联网世界，任何孤立化的行为，都相当于把自己置于与世隔绝的境地。未来的跨界，一定要把企业的内部生态圈延伸出去，和外部的生态系统进行协同、交互，跨界的力量才能有效地推动创新。

开放是融合的前提，也是跨界思维的核心。在现代开放的商业生态系统中，只有通过跨界才能发现一些与外界其他要素之间的联系，在这个基础上才能探索跨界合作的规则。

在审美快餐化的今天，因为受众群体更加善于"移情别恋"，许多明星就像流星一样快速划过。同那些昙花一现的明星们比起来，周杰伦已足够"长寿"，能持续"锁定"80后、90后这个庞大的消费群，周杰伦一定有其特别的制胜之道。而企业家和明星一样，都需要长久地维护好自己的消费者。成熟的市场细分为他们提供了丰富的选择，如果不能及时维持消费者的忠诚度，即便

第一章 "互联网+"时代,跨界是一种趋势

是价值观相当稳定的粉丝也难免"跳槽"。

2012年8月,周杰伦与篮球明星科比展开了一场跨界PK,许多明星前来助阵,篮球与音乐的碰撞,给"粉丝"们带来超视觉的精神盛宴。

细心的人会发现,那种靠发行一首新歌就掀起一阵风潮的时代已经一去不复返了。媒介爆炸的年代,受众的审美被过度分化,歌手们不得不另外想招。

这一点与企业界面临的问题如出一辙,如何延长自己的产品或品牌寿命是个大问题。"主角"们把跨界当成了助力市场的新起点,换句话说,他们已经迫不及待地渴望跨界,因而当"后来者"们还在依靠传统手段拼得你死我活的时候,前者已经对跨界营销轻车熟路了。

周杰伦和科比是两个在各自领域里的巅峰人物,因为共同的"标的"——篮球而相遇有其必然性。两人在中国均拥有大量的"粉丝",二人的群体基础也相当牢固。聪明的商家把他俩结合在一起,也可谓用心良苦。当平面化的表演不足以吸引大家的眼球时,富有立体感的跨界演出无疑拥有更强有力的看点,品牌推广自然也叫好一片。由于两个领袖人物联袂登场,携大量明星一同"混搭",引爆了媒体,从而成为活动的大赢家。(摘自《搜狐音乐》)

明星和商品品牌一样,必须经常出现在受众的视线里,否则就容易造成人气"下沉"。不是人们健忘,而是看点太多。因此,如果明星不能适时而恰当地"秀"出自己,就有可能在自己的"粉丝"中"下课",而商家如果找不

到合适的机会"显摆"自己，那就只能等着出局。

在上一次的"比拼"中，周杰伦与科比就已经掀起了一股篮球与音乐的热潮。观众们都过足了眼瘾，由于市场反应良好，之后两人再度约战，进行跨界"切磋"。

像马云玩太极一样，周杰伦玩篮球也积累了一定的市场基础，电影《大灌篮》就是其个性爱好的展示，跨界营销有好底子就容易成功。通过这个活动，林俊杰、张靓颖等明星除了献唱自己最经典的歌曲外，还纷纷整合自己的音乐风格，积极融入主题活动中，集体把跨界推上了高潮。

我们不妨把这种做法称为"精神跨界"，彼此互相"奉献"出自己受欢迎的元素，从而诞生出新的聚合力量与价值。在追求曝光率的同时，也完成各自"粉丝"的交融与共享。这为人们重新认识原来的精神文化商品提供了一个机会，大家或许就会因此从音乐的角度审视篮球，用篮球的语言解读音乐，而作为主办方的品牌商则借助他们二者的合力完成对品牌特性的演绎。

作为商人，如果思维够敏捷，就一定会意识到，单独作战的风险越来越大。

我们关注名人的动态就是要不断提醒自己，及时地寻求非业内的合作伙伴，借助聚合作用来提升自己的商业价值。

十几年前，有谁会想到这个小眼睛、单眼皮的"帅哥"在流行乐坛吃香这么久？谁会想到不成逻辑的语言和吐字不清的"呛调"会吹起这么久的"流行风"？周杰伦的音乐里所传达的文化性格和流行符号，以及所彰显出的内在情绪和外在张力，正中80后和90后自我、个性等审美情趣的"下怀"，成功"俘获"这两代人的消费心理。

在自己的主营业务——音乐领域站稳了脚跟之后,周杰伦又不失时机地启动"多元化战略",即跨界导演电影。他也不是贸然进入新领域,而是通过参演《头文字D》等影片,积累了电影界的人脉资源和行业经验,之后其自导自演的影片《不能说的秘密》就有不错的业绩。他也因此成为从歌手成功转型为导演的极少数人之一,而他每一次跨界的成功都会进一步提升他的个人价值和受欢迎指数。

不难看出,无论是跨界营销,为主营业务做推广,还是行业跨界,进行实质的多元经营,都需要事先"预热",这样才不至于突兀而"败走麦城"。

跨界是对操作实力与态度的集中检验,它杜绝一切不符合实际的"浮夸风"。

周杰伦跨界"开花"节节高,新歌MV还与钢琴家郎朗倾情合作,反观钢琴家也需要借助他这棵"大树"进行强强合作。

早期周杰伦与宋祖英的跨界合作已成佳话,跨界正成为其艺术生涯保持温度的不二法门。宋祖英说:"周杰伦在华语歌坛有非常高的地位和影响力,他的歌十分时尚,很多年轻人喜欢。不仅如此,周杰伦演唱的作品里,特别是歌词中,有非常深厚的中国文化底蕴,这是我十分看重的。我希望我的观众也可以同样喜欢他,影响更多的年轻人和孩子追求和理解中国传统文化……只要是合适的,观众喜欢的,我就会请来与我合作。"

可见,连宋祖英这样的明星也希望通过跨界来抵御可能的"粉丝分化"。

因此,随着消费者口味的变化,主动营销越来越重要。企业界又何尝不是如此呢?

6. 跨界是一个系统的工程

无论是"互联网+"的模式还是行业跨界的模式，系统重组能力都是跨界成功与否的关键所在。

不同于多元化发展，跨界的本质在于组织系统的跨界重组，而非物理意义上领地的拓展或是简单的行业延伸。这要求企业能整合内外部资源，打破固化的组织边界和原有的系统结构。就像碳元素一样，可以组成石墨，也可以组成钻石，结构变化的本质是产生了一种全新的物质。

企业如果没有足够强大的系统重组和系统再生的能力，而只是为了跨界而跨界的话，那么盲目进入陌生的领域，将会陷入非常危险的境地。

分析顺丰成功跨界的商业逻辑会发现，"关键能力"是其自身强势的物流基因和强大的执行能力。

对外在商业模式的颠覆仅是跨界的外在表现，真正成功的跨界必然会颠覆组织的内部系统。即使在思维、战略上进行了跨界，如果组织管理各方面没有系统的调整，跨界成功率也不会高。

跨界的过程需要强大的创新动力来推进，只有具备高度协同化、动态化、灵动可变的柔性组织，才能在系统重组的过程中达到"动态调适"的效果，并输出强大的创新动力实现成功的跨界。

第一章 "互联网+"时代，跨界是一种趋势

从1984年白手起家创立公司，到1991年成功上市，再到2010年成为总资产超过1000亿元的房地产公司，万科在短短二十几年的时间内有如此出奇的业绩，这背后离不开中国第一房地产品牌的缔造人和掌门人——王石。

王石被业界描述为"兴趣跨界"的企业家。著名作家加缪说："伟大的行动通常有一个可笑的开端。"王石的跨界历程也不例外。因为健康原因，爬山成了兴趣，王石竟却把它做成了系统工程。他将之定位为"7+2"计划，即七大洲最高峰和南北两极，这样的壮举，对专业登山者来说都是一项挑战，王石却完成了。

这位不做老板却选择做职业经理人的"异类"，是新中国第一代实业家的完美范本，他把个人价值几乎全部都给了万科。作为国内率先进行股权改革的践行者，王石并没有将大量的股权纳于自己的名下，其本人的股票甚至还不及公司总市值的0.1%。10年之后，他仍然放弃了MBO（管理者收购）的机会，在名和利之间，他是选择前者的极少数，就像他是完成"7+2"计划的极少数一样。

王石"怪异"的举动难免会引起业界的关注，人们自然不会"放过"对他登山的意义的解读。登山的确帮助王石完成了另类人生，他说："登山既是生命的浓缩，也是生命的延续。登山时非常痛苦，你总想放弃，你以为你上不去了，可成功就在于你的坚持。这种胜利的体验在生活中一般需要十几年时间才能体验到，可通过登山，一个礼拜就能体验到。现在，在谈判时，从心理上我就有一种压倒对方的气势。我

想,我能登上去,你行吗?你根本耗不过我。"通过登山,他树立了企业家的新高度。

正是在王石的带领和精神感召下,万科也成为房地产企业中的极少数。有人曾这样拆解"仙"和"俗"这两个字,一个人站在山上看得高、望得远,就富有"仙"见;而一个站在山谷的人则没有那样的眼光,所以就难免落入俗套,这样的理解确实不无道理。功成名就之后的王石就较好地还原了自己,从而避免出现处在巅峰状态的自我迷失,这与他始终保持思想的高度是有一定关联的。(摘自《王石的舍与得》)

对于企业主而言,跨界的另一个好处是能够让自己保持清醒的头脑,有时候人难免会"当局者迷",而要想"旁观者清",天天待在自己划定的"界"里则很难做到,借用他人的眼光反而更有利于确立对自己的正确认识。

当然,最重要的一点就是人们通常都会透过老板的个人行为来探索他背后公司的运作逻辑。并不是所有规划缜密的营销策略和一流的执行都能造就预期的成效,"有心栽花花不开",失败反倒成为大多数,一个精心策划、投入数十万在主流媒体上打出的平面广告有时还没一个老客户几句话管用。

什么是"无心插柳"?非功利性的营销反而效果显著,人们似乎更乐于接受这种"无声的恩赐"。

王石的跨界是无意的,他的"7+2"计划也并不是在第一次爬山就设定的。最值得一提的是,这个计划与他的企业并没有直接的关系,他的原始目的也不是为公司做营销,如果真是这样的话,他也不可能如此坦然地享受整个过程。

"文章本天成,妙手偶得之",如果不想让别人把跨界理解为哗众取宠,那就专注于跨界这件事,在本质上诉求与所跨之界的融合与互通,而不是功利性地追求短期利益。跨界要求的是真诚,就像王石所理解的登山一样:"在登山的过程中回想人生的道路,你要坚持做你认定正确的事情。但是,登山还不完全等同于生活,登山的目标很单纯,不是上,就是下。可生活就不一样了,它有许多的选择,也有很多的诱惑。"

跨界营销的目标同样要很单纯,在跨界过程中也会出现很多诱惑和其他选项,对目标的坚守很重要。

"摒弃"自己一手创造的中国房地产第一品牌,而甘守"清贫",王石为这家企业注入了足够的关注度,并且最大限度地维护了它的和谐与发展。

在完成"7+2"计划之后,王石跨上了慈善界,并以他个人的名义成立了公益基金。而早在2001年,才30万年薪的王石接到250万元的广告代言,他直接将这笔资金捐给了中国登山协会。

这个世界总会遵循一定的平衡法则,只要真实地热爱他人之"界",别人也会投以相应的回报。即便不是这个"界"本身,也会得到其他"界"的垂青,诚如前文中潘石屹所说的那样,什么时候"柳成荫"还真说不准,不过他们二人最大的相似之处就是跨界拍广告。

克莱斯勒就认为,王石身上折射的精神、气质与全新JEEP(汽车品牌)大切诺基代表的精神气质高度吻合。所以该公司选择王石代言其广告,广告语俨然是王石的跨界精神:"真正靠近自己,你明白那些融进你生命的,不是万科,不是珠穆朗玛,或者乞力马扎罗,而是走向它们和告别它们时留下的脚印。"

真正成功的跨界首先需要越过"小我"这个界,将自己置身于所跨之界,纯粹地享受它的风景。只有你主动吸纳他人的内涵,别人才会充分地尊重你。

显然,作为一个经营者,他作出的一些行为都有可能让人联想到他的企业。而对老板们来说,个人的某些动作就是企业最好的营销,因为人们通过他能最直观地了解到企业的实力与经营风格。

什么是高超的营销?跨出营销做营销一定是"于无声中听惊雷",真正的营销是一个战略范畴。

7. 跨界是创新思维方式的代表

所谓跨界思维,就是用多视野多角度看待问题、用大世界大眼光去解决问题的一种思维方式,其本质是交汇、跨越,它既是一种时尚生活态度的表现,也是创新思维方式的代表。互联网企业的跨界颠覆,其实质就是要实现以高效率整合低效率,只有寻找低效点,才能打破以往的利益分配格局。得"用户"者,方能得天下,所以要以用户体验为基本点,然后勇于实现自我创新、自我跨界。

第一章 "互联网+"时代，跨界是一种趋势

互联网对传统产业的颠覆，实际上是生产关系的重构，以及对传统产业要素的重新分配，从而让组织效率与运营效率都得以提升。在进行互联网跨界布局时，首先要思考如何打破以往的利益分配，这样才能重新洗牌。

事实上，跨界已经"润物细无声"地渗透到了生活的方方面面，即便只是微小的创新所带来的细微变化，也能够悄无声息地改变大产业的格局。

以前，人们买火车票要去火车站排队等待，有时要排很长的队，有时排到了可能已经没票了。很明显，这里存在一个极其低效率的问题点。而自从实现网上售票之后，买票不但不需要排长队，操作起来还很方便。

网上售票有效地提高了人们的生活节奏，改变了以往的购票方式，同时也颠覆了人们原有的世界观。

跨界的互联网企业可以说有着得天独厚的优势：他们一方面掌握着用户数据，对用户的购买行为、信用情况等都很清楚；另一方面又能具备超前的互联网思维，知道将用户体验和用户需求当作自始至终关注的重点。

于是他们就能比传统企业更容易做到挟"用户"以令诸侯。例如，于2013年6月上线的余额宝理财产品，在短短的一年时间内其客户数达到了近8000万，基金规模超过5700亿元。相对于传统的商业银行，它俨然已经成为一个可以与之抗衡的强大对手。

下面，再以腾讯为例，看看它是如何实现跨界整合的。

很多业内人士都认为，腾讯敢于向地图领域跨界进军，是因为获

跨界营销实战

得了四维图新强有力的支持。不得不强调的是，四维图新是中国最大的数字地图提供商，可谓实力强劲。再加上如今腾讯地图多维度、跨行业的频频动作，可以看出它在地图领域的勃勃雄心，无论是服务层面还是技术方面，都大有赶超老牌地图供应商的趋势。在2014年的地理信息开发者大会上，腾讯又一次向所有人展示了完善地图服务的决心与思路。

另外，让与会者兴奋不已的还有腾讯所展示出来的地图开放平台生态体系。

首先，腾讯大力整合自己的内外优势资源，让自身实现强者越强。在外部资源上，腾讯地图开放平台联合了京东、大众点评、滴滴打车等垂直行业龙头企业作为自己的盟友，在强强联手的同时实现了更大的商业布局，为开拓相关领域的市场打下良好的基础，并且展现出了强大的示范效应。

在内部资源上，腾讯地图开放平台也与自家的开放平台（如手机QQ、微信等）、大数据进行了资源整合，以实现整个腾讯地图平台生态的稳健发展。

经过内外部双管齐下的资源整合，腾讯地图开放平台不但可以从合作伙伴那里获得良好的服务经验，以及由强强联手引发的聚拢效应，还能借此触及海量用户；另外，凭借自身的强大实力，进一步吸引其他合作者和开发者加入，从而让这个良性循环持续加固，让腾讯地图开放平台的生态体系更健康、壮大。

其次，腾讯地图开放平台重点布局多元生态系统，实现多元化跨界战略。

腾讯地图的生态体系可谓非常多元化，具有强大的跨界战略性，其从开发者到最终用户都布局到位。具体表现在以下几方面。

（1）为其他的垂直行业龙头提供位置与地图服务

通过与京东、艺龙、大众点评、滴滴打车、同程等垂直行业龙头企业的合作与数据资源整合，腾讯地图开放平台能够获得更多的线上、线下用户数据，通过过滤与提炼，在共享优质数据的同时，再通过导航、定位、街景等功能把这些应用接入到开放平台中，让自身的商业模式与服务模式变得更加完善，直达终端用户。与此同时，腾讯可以进一步积累合作服务经验，为未来开拓相关领域的市场提供服务。

（2）为腾讯的内部应用（如手机QQ、微信等）提供位置与地图服务，直达终端用户

腾讯自家的应用和服务（如手机QQ、微信等）本身就需要一定的位置服务与地图服务，另外，在微信"扫一扫"的功能里还内置有扫描街景的功能。在免费向微信公众号提供位置服务的同时，每一个微信公共账户都是潜在的开发者，而每一个微信用户也都是潜在的用户。

通过腾讯地图开放平台提供的街景展现、位置检索等功能，微信公众号能够实现更多的服务项目。要知道，手机QQ、QQ空间、微信等服务和应用本身都具有过亿的用户，与它们的融合将会给腾讯地图带来大量的可以触达的潜在用户。

（3）以微信开放平台和腾讯开放平台为依托，可以触达长尾开发者，为更多用户服务

从提供基础能力到应用分发、推广、用户获取、营收的闭环服务中，微信开放平台提供的开放形态产品可谓多种多样，如微信公众账号、朋友圈、微信支付、微群、微信语音等，包罗万象。通过微信公众平台，腾讯地图开放平台能够触达的长尾开发者将以百万计算，通过它们可以服务更多用户。

（4）与四维图新的数据资源进行整合，打造更强大的车联网数据工厂和服务

通过入驻四维图新，将双方的资源进行全面整合，腾讯能够获得强大的数据支撑与技术支持，并且进一步开拓LBS服务领域。腾讯和四维图新的融合，将会给腾讯地图开放平台带来更多的开发者、商家和用户，实现车联网的深耕服务。

从腾讯地图开放平台所展现出来的多维度跨界生态布局可以想象：在腾讯"连接一切"的宏大布局中，地图开放平台将是其中非常重要的一环。

随着更多合作者、开发者的加入，它将更好地连接商家与用户、线上与线下、虚拟与现实，并且为用户带来更好的服务、创意和体验，让腾讯地图成为"连接一切"的重要桥梁和纽带。（摘自《跨界联盟 深度整合》）

在这个崭新的互联网时代，想要实现创新、实现跨界、实现颠覆，就要坚持外向性、综合性、多角度性的灵活策划原则，只有这样才能带领企业走出困境，走上新的发展之路。对于任何一个陷入困境或者遇到瓶颈的品牌企业而

言，企业决策者都需要从跨界思维的角度，进行深入思考。从腾讯的跨界联盟布局可以看出，互联网已经成功实现了在传统领域的创新、跨界与颠覆，但是这还不是终结，需要进一步发展和深化。在这个过程中，创新将是任何一个企业实现长远发展的最佳途径。

第二章

打破传统营销模式，开拓"跨界"新思维

新的市场形势与竞争态势需要经营者具有"跳出营销做营销"的新思维，但作为一种尚不太成熟的营销方略，跨界营销在现实当中并未被正常演绎。跨界营销不同于常规的跨界合作和跨界联合促销，是一种新型生态的营销模式。看起来很混搭、不伦不类，但掀开所有表面的浮华，我们会发现跨界营销清晰的脉络——独特的内在逻辑和操作法则。

第二章 打破传统营销模式,开拓"跨界"新思维

1. 传统零售业跨界互联网成为趋势

根据中国电子商务研究中心发布的《2012年度中国网络零售市场数据监测报告》显示,2012年,中国网购用户数目为2.47亿人,较2011年同比增长21.7%;中国网络零售市场交易规模为13205亿元,较2011年同比增长64.7%;中国网络零售市场的交易额超过1万亿元,占全年社会消费品零售总额的6.3%。与电子商务的蓬勃发展相对应的是传统零售企业的凄凄惨惨。

根据相关统计数据可看出,2011年,国内零售企业的增速为20%左右,而2012年,大多数月份的增速都已经不足10%;尤其是服装行业,面对电商的蚕食,实体店的毛利率已经下降到8%~10%。

那么,面对电子商务的来势汹汹,传统零售企业应该如何应对呢?

一些零售企业顺势迈出了改革的步伐,开始大举进攻网上零售市场。通过自建或收购网购平台,争食电商大蛋糕。

2002年10月,国美成立了电子商务部;2003年9月,国美网上商城试运营;2010年11月,国美在经历诸多波折后卷土重来,斥资4800万元收购库巴网80%的股权;2011年4月,国美宣布网上商城部分独立运营,开启了电子商务双品牌的并行战略;2012年2月,国美网上

商城入驻当当，开设新渠道，电商双品牌均以拓展多渠道经营的策略催化规模增长。

2009年，苏宁电器网上商城更名为苏宁易购；2010年2月，苏宁易购正式上线；2012年，经历了2年默默无闻后，苏宁易购开始从互联网引入流量，大举进攻电商，同时，苏宁易购实体商品的销售额达到152.16亿元，虚拟产品销售额达到15亿元，整体达到183.36亿元，同比增长210%。

国美、苏宁两大线下巨头的电商战略尝试，打破了电商和传统卖场之间的界限。2012年，宏图三胞、百盛、红星美凯龙等纷纷进军电商市场。

2014年8月29日，万达更是高调宣布进军电商，与腾讯和百度联合在深圳召开发布会，宣布在我国香港注册成立电子商务公司，一期投资额达50亿元人民币，万达持股70%，腾讯和百度各持股15%。伴随着移动互联技术的进步和移动设备的普及，移动互联渗透到了人们生活的各个领域。移动电商作为移动互联时代重要的衍生品，使零售行业在经历了互联网带来的革命后，再次面临重构的格局。（摘自《互联网时代的电商发展》）

艾瑞咨询的统计数据显示：截至2012年12月，中国移动电子商务市场的交易规模达到965亿元，同比增长135%，并且依然保持较快的增长趋势。

中国电子商务研究中心的数据显示：2009~2013年，我国移动电子商务用户数目依次为3600万、7700万、1.5亿、2.5亿和3.7亿。

移动电商能够获得迅速的发展，离不开移动互联网对用户使用习惯和消

第二章 打破传统营销模式，开拓"跨界"新思维

费方式的改变。移动电商能够从中获益的直接原因，主要有以下几点。

（1）消费者在使用移动设备时有更强的购买欲

针对智能手机和PC用户使用习惯的研究表明，二者之间具有明显的不同：用户使用智能手机搜索关键词的长度大约为桌面搜索关键词长度的2倍；用户使用智能手机时，注意力更集中，思维更专注，获取的有效信息更多；用户使用智能手机购物时，由于不如PC便于比较，因此更倾向于直接购买。

（2）来自移动设备的搜索广告点击率

根据著名广告代理公司Performics所提供的数据：2012年1月，来自移动端的广告点击率比PC端高45%。搜索广告点击率作为能够反映消费者意图的重要指标，能够为零售商和广告商提供更多有价值的信息，从而最终带来更高的利益回报。

（3）夜间移动购物带来的商机

目前，我国的手机用户数已经超过了10亿。有关研究表明：大多数手机用户在上下班时间利用互联网处理电子邮件、浏览社交网站或者玩游戏，而夜间进行购物的频率则较高。通过对智能手机以及平板电脑为主的移动端搜索的调查表明，晚上9点左右会迎来移动购物的高峰。

（4）移动互联网拥有巨大的潜力

根据2011年的统计数据，国内使用移动设备访问社交网络的人数为3800万，占整个社交网络流量的30%。不过，随着移动互联网的普及，其用户的数目会越来越大，因此，移动网络和移动应用还有巨大的潜力和市场可供挖掘。

2. 移动互联网的创业机会多

如果我们将移动终端简单地等同于手机的话，那么，移动互联网也就相当于使用手机上网。其实，在十几年前的GPRS时代，手机就已经实现了上网的功能，WAP手机可以通过协议接入互联网，进行新闻浏览、搜索、查询、无线电子商务等和互联网有关的应用。

苹果iPhone的推出，让人们对手机有了全新的认识和体验；Google公司开发的Android操作系统，则推动了智能手机的发展。

根据Google官方提供的数据显示，2012年3月~6月，全球Android设备的激活量由3亿部增长到了4亿部，增长率为33%；据苹果官方的数据，2012年4月~6月，全球iOS设备的激活量由3.6亿部增长到了4.1亿部，增长率为12%；中国市场方面，2012年第二季度Android App的启动次数增长了159%，iOS App启动次数增长112%。

与移动互联网用户数和终端量高速增长相对的是，移动互联网创业之路的艰难。高昂的推广成本、并不清晰的盈利模式和愈发严重的同质化竞争，都不断考验着创业者们的神经。但移动互联网这座巨大的宝藏依然散发着迷人的魅力，吸引着无数人甘愿冒险探寻。

目前，即使在非常偏远的地区，以智能手机为主的移动设备的普及率也已经相当之高，这是传统互联网即使再经历几年的发展也难以达到的。

手机本来就是一种生活必需品，人们购买手机的概率远远高于Pc设备，加上移动运营商们提供的存话费送手机等优惠促销活动,极大地降低了移动互联网的接入门槛。另外,智能手机等移动设备便于携带、使用灵活,用户能够充分利用碎片化时间使用智能手机,这使得用户接触网络的时间和频率大大增加。

移动互联网与传统Pc互联网相比,二者之间还具有本质的差别。

(1)用户私有化

与PC设备相比,智能手机等移动互联设备的私人属性更强,对应关系更明确。也就是说,每一台手机的背后对应的是某个具体的人的网络活动。在以前,或许这样的信息具有的价值有限,但目前已是大数据时代,大数据让一切与互联网相关的活动都更具有可挖掘的潜力。而这,也是移动互联时代微信比微博更具商业价值的原因所在。截至2013年底,微信用户超过了4亿,微信真正帮助企业实现了用户私有化的问题。

(2)互联网立体化

位置服务早已经是智能手机的标准配置,而与用户位置信息相关的服务业使得移动互联网比传统互联网更加立体化。以大众点评为例,传统互联网时代的大众点评主要是第三方消费点评网站,虽然与人们的生活联系在一起,但并不紧密;而移动互联时代的大众点评则完全不同了,作为国内最早开发本地生活移动应用的移动互联网公司,大众点评移动客户端已成为人们本地生活必备的工具。

(3)实时推送

同样作为常用的社交工具,微信与QQ的不同在于:微信能够实现24小时在线,所以移动互联时代,很多微信用户甚至已经不再需要短信,而把微信作为全天候的社交工具。由于能够实现24小时在线,微信可以对用户实时推送信息，时刻与用户保持联系。

（4）没有地点限制

虽然相比台式机，笔记本电脑的便携性已经大大提高，但是与智能手机等移动设备相比，仍然显得过于笨重和不灵活。轻便的移动互联设备使用户几乎在任何地点利用碎片化时间都可以上网。对现代社会的很多人而言，使用移动互联设备上网的时间已经超过了使用Pc设备上网的时间。

移动互联网的优势非常明显，盈利模式也与传统互联网有所不同。那么，移动互联网能够带来怎样的创业机会呢？

移动互联网的发展，使近几年成为行业洗牌的关键时期。以腾讯为代表的电商巨头们，已经开始在购物、社交、音乐、游戏、阅读等领域的全面布局。不过，就总体趋势来看，各企业在移动互联领域的布局主要是其在传统互联优势领域的延伸。

对于中小型企业而言，如果想要在巨头们已经占据的领域抢食是非常困难的。因此，在创业方向的选择上，一方面可以考虑"垂直化"，即选择那些还未被发掘或未被强势占领的细分市场；另一方面，也可以考虑"硬件化"，与以智能手机生产为主的品牌厂商合作，针对不同年龄、性别、收入水平的消费者进行配套软件和系统的定制。

在移动互联时代，以智能手机为代表的移动设备与用户之间的关系变得极为密切，移动互联网的价值与传统互联网已不可同日而语。

3. 虚拟和现实之间的跨界

一家传统的食品企业A与一家专业制作3D网络游戏的网络企业B开展合作，将实物产品信息植入到网络游戏中，并将游戏中的"美女人物"作为形象代言，开创了传统产业与新兴互联网产业虚拟跨界营销的一个先例。

该食品品牌被直接设计进网络游戏中，并被作为游戏中最具奇效而且是游戏角色闯关的必需食粮。游戏中的人物如果吃了这种食物，既能补充体力，又能提升"生命力指数"。而玩家在玩游戏的同时，自己还能吃上与游戏中同样的食品，同时食品的包装设计上也正好醒目地印着该游戏的人物形象。

这是一个"虚拟世界中真实商品交易"和"现实世界中虚拟商品交易"相结合的趣味创意。

这种跨界营销的效果是立竿见影的。根据商家所进行的网络调查，双方合作仅仅一个月，A企业的月销售额就从之前的300万元一下提高到了2700万元。在这款游戏的玩家中，有超过10%的人是通过消费A企业的食品注册了B企业的网络游戏的，也就是说B企业在没有任何广告投入的情况下，就增加了大量的游戏玩家来消费自己的虚拟产品。

于是就出现了一道壮观的风景线，消费者因为吃A食品而开启了有A食品的网络游戏大门，游戏玩家因玩有A食品的网络游戏而开始消费A

食品。

　　此类"隐性借力"的作用确实不可小觑，一个小小的创意，居然让线上的产品销量增长了8倍之多，B企业借助A企业的固定消费人群也增加了一成的客户，彼此均未增加投资，却互有裨益。

　　虚拟与现实之间，虽然可以互相融入，但二者之间并没有直接的交叉点，因此营销考量的标准之一就是创意，目的就是要创造令人眼前一亮的出其不意，而创意通常又不在人的主观意识"识别区"，所以实现创意跨界的确需要灵感，而且一定是不拘一格的灵感。

　　互联网的发展为营销提供了无限的资源空间，这些虚拟资源就像核反应堆一样，拥有超越非互联网资源的能量。由于传播方式和生成方式的变革，虚拟空间一旦被正确植入营销符号，也就如同被赋予核动力，将产生不可思议的势能。

　　这个跨界营销案例源于一次意外的邂逅。A企业的老板原来是希望找一位年轻貌美、知名度又高的明星来做常规代言，以宣传其食品品牌。但计划赶不上变化，由于一个变故，造成原来谈妥的代言费提高了两倍以上，这大大超出了A企业老板的预期。

　　在参加一个圈子互动的活动中，A企业的老板认识了做网络游戏的B企业CEO，该CEO邀请A企业老板去他的公司参观，A企业老板发现网络游戏中清晰而逼真的古代武士人物形象符合其公司希望的代言形象，获得了跨界灵感。

　　A企业老板曾因为观看了一部电影而记住了电影中某品牌的名字，而且印象非常深刻，还因此产生了消费该品牌商品的冲动，他意识到，如果自己的产品像在电影中那样被植入到网络游戏中，应该也会收到同样的效果。

第二章 打破传统营销模式，开拓"跨界"新思维

对于这种合作请求，CEO当然不会拒绝，因为他也有同样的考量，跨界是个双向动作。A企业老板要求B企业专门设计出一个游戏人物形象来"代言"他的产品，同时，这个人物形象也将出现在他的产品包装上，这对B企业的网络游戏产品是一个非常好的宣传。

做实体产品的A企业不但因此省下了数百万元的高价代言费，还解决了形象代言人问题，可谓一箭双雕。另一方面，由于B企业的游戏人物被放在了A企业的包装上，随着A企业的产品在市场上的畅销，游戏品牌也得到了很好的推广。

在常规的网络游戏规则中，玩家在虚拟食品店里，通常只能给自己扮演的角色购买虚拟产品，但玩家现在却可以以同样消费的形式下单购买真实商品，如同正常网购一样。A企业商家通过其配送系统立即将"虚拟订单"上的商品送到购买者手中，玩家可选择刷卡付款或货到付款。游戏玩家既是游戏的消费者，同时又是游戏中出现的商品的实物消费者。

这种虚拟植入式跨界实现了网络内外的互动对接，建立了"真实消费"与"虚拟消费"的交汇点。

当然，就像我们在第二章中所讲的那样，双方经营者在完成了跨界营销的标准动作之后，还需要常规动作配合，就像核动力航母需要常规动力舰艇来保驾护航一样，A企业有了创意跨界"核动力"的支持，市场销量倍增，也顺势延展了商业布局，先后在全国数十个大型城市拓展市场，同时也没有放弃传统营销推广。

由于A企业产品植入了B企业的虚拟商品，A企业的市场范围有多广，B企业的触角就有多长。B企业的触角越长，为A企业所创造的消费者就越多。这个创意为双方开创了一种资源共享、渠道共用的互相搭便车的营销模式，将其

原先各自互相独立的经营领域和互不重叠的网络辐射进行了资源整合，这不是常规营销手段或砸上千万元广告费就能达到的，更不是花数百万元请一个明星做代言所能及的。

对于网络游戏公司来说，传统实体行业所占有的市场资源是它们鞭长莫及的领域。而在游戏中加入一个虚拟食物商品，只是简单的技术层面的操作，但与实体产品结合后，实体产品将游戏带入了传统的地面宣传，令其游戏的点击率大大增加。

既然虚拟和现实之间可以互通，也就意味着传统行业和新兴行业之间有跨界合作的机会，关键在于找准双方合作的支点，以"非竞争性跨界"的模式实现资源整合与共享。

一个好的跨界创意有着资源再生的"奇效"，看上去并不起眼的"闲置资源"在和别人互换之后，就能带来意想不到的效果。而某些资源，存在的时候如果不加以利用，过期就会作废，商业资源也和商品一样有保质期。

虚拟世界可以模拟各种各样现实生活中的一切商品，有不少游戏道具在"成名"之后被制作成实物商品出售。动画片中走红的人物形象被打造成五花八门的商品而深受"粉丝"们的追捧，而现实中的实物商品同样也可以植入到游戏或影片中。游戏玩家或电影观众也会把自己的喜好延伸到相关商品上，在他们玩游戏或者观看影片的过程中，就会形成一种视觉印象和情感与场景的记忆效应，从而产生消费冲动与购买行为。

正常情况下，一种新产品要进入市场往往有很大难度，更不用说进入非相关产品所覆盖的市场了。以往的临时性捆绑促销也不足以造成稳固持久的效果，但借助一个契合点将其和某种特定的生活方式结合起来，进行跨界式植入，建立一种打破彼此行业壁垒的准入机制，使推广进入对方的市场，达成战术营销和战略营销的双重目的。

这也是一种投入少却能快速而广泛地形成口碑的营销方式，不仅可以促进营业额的提升，还有利于品牌的推广和沉淀。

4. 网络整合营销

随着市场经济的发展，在越来越大的竞争压力下，经营者如果再像以前那样固守自己的传统优势市场，就可能被边缘化。即便是一些大的品牌商，也难以避免消费者被分流。对于这样的"市场大同"格局，如何保住并扩大自己的市场份额，成为能否在未来的营销战中取得胜利的关键。

成立于1999年的上海相宜本草化妆品有限公司，一直致力于本草系列美容护肤品的研发、生产与经营，目前已经渐渐发展成为国内本草类化妆品行业的领军企业。

相宜本草诠释了"本草养肤"的概念，其生产的护肤品，均依托中国传统医学美容理念，融合现代美容科技创新成果，其品牌理念为"内在力，外在美"，自推出市场以来赢得了消费者的广泛认同。但是相宜本草仍是化妆品领域的年轻品牌，其市场价格比较适合年轻人群体。从品牌创始伊始，相宜本草就展开了一系列的网络营销活动，逐步扩大品牌影响，使得相宜本草赢得了"草本美容专家"的美誉。

由于相宜本草自身产品的定位决定了其主要的目标人群为年轻人，

这些消费者比较崇尚自然和本草美容方式，因此相宜本草决定选择年轻人较多光顾的唯伊网作为品牌网络推广的合作伙伴。

相宜本草在整个品牌推广的营销过程中虽然没有什么别出心裁的创新环节，但是营销策略的执行和运用均很顺利，也使得相宜本草通过网络营销建立了品牌形象和品牌口碑。

首先，相宜本草通过唯伊网发布免费申请产品试用装的信息，对于广大女性消费者而言，免费试用的吸引力还是非常巨大的，相宜本草也正是充分利用了消费者的利益驱动和对新鲜事物的好奇心，达到了吸引潜在消费者、聚集人气的目的。

其次，通过对该品牌免费试用装的申请，可以激发潜在消费者对这个身边的品牌的新认识，也许有些产品功能符合潜在消费者的要求，但由于化妆品这种产品的特性，其从未在专卖店里试用过。因此一旦网上可以满足潜在消费者对于新鲜事物的尝试需求，消费者们就会踊跃申请，并且在申请的同时也关注这个品牌，同时也会注意其他消费者对该品牌的口碑评价。因此，仅仅是免费申请的这个过程，就会为企业带来很多潜在消费者的关注。可以说，抓住了消费者的注意力就已经为成功奠定了基础。

对申请了试用装的消费者进行数据资料的统计和整理，为企业的进一步经营、发展和扩大市场都有非常重要的作用，这些数据资料也可以帮助企业建立消费者数据库，为下一步研发适合消费者的化妆品奠定基础。且在这个过程中相宜本草充分利用数据资源，通过对统计的数据库进一步分析，抓住一部分潜在消费者，对其进行电话营销、邮寄品牌会员杂志，最终将潜在消费者变为消费者，实现了销售产品、品牌信誉提升的目的。

有很多用户反馈相宜本草的服务很贴心，使得消费者对相宜本草这品牌产生了好感，这就为相宜本草这个品牌扩大了用户基础。

相宜本草采取了网络整合营销传播的模式。除了在唯伊网上进行产品免费试用装的派发外，相宜本草还联合国内知名社区站点如开心网进行联合推广活动，利用更丰富的传播载体、更广阔的传播范围，快速提升品牌在网络用户中的知名度和影响力。

此外，相宜本草还整合了短信平台进行精准营销，使得更多的人了解到此次活动的信息，为相宜本草的网络传播起到了极大的推动作用。

在试用装申请结束之后，以奖品为诱饵，鼓励广大试用的用户分享其试用体验，从而为品牌树立良好的消费者的正向口碑，实现推广产品的目的。（摘自《成功的网络营销》）

5. "微跨界"也是一种变通

如今很多行业都在绞尽脑汁做跨界营销创意，不同领域的佼佼者纷纷参与到一个品牌的产品设计或营销推广中，最大限度地吸引媒体的报道和公众的眼球，加速推动产品的销售与品牌传播，让好的品牌被更多人接受，让原本日薄西山的品牌借机东山再起、重焕青春，"微跨界"的小创意却能收获奇效。

网络使商家有机会更好地拉近品牌与受众之间的距离，靠"隔山打牛"式的"定性营销"就能"网罗"一大片消费者的时代正在成为历史，注定成为过去式。经营者必须明白，顾客需要更加明晰地感觉到品牌的真实性与自身需求的匹配度，所以"定量营销"成了行之有效的销售方略。

2013年，本土品牌乐事推出一款薯片新品——"谁是你的菜"，且不说它将采取怎样的营销手段，但这句亲民语言直接把品牌推送进受众的心坎。

不过这并不是该品牌实施"微跨界"的全部内容，为了宣传该产品，乐事直接以"谁是你的菜"为主题拍了一部微电影，并邀请知名影星黄渤、张国立、罗志祥担纲主演。公司一改商业化的传播习惯，而是把故事融进了创意营销，通过讲述张国立饰演的父皇为自己的女儿"比菜招婿"的爆笑故事，来牵引大众的味蕾，把产品的口味巧妙地嵌入到精心构建的故事情节之中。

显然，这与平面广告或者广告片有着本质的不同，因为这些营销形态都只是围绕产品以及品牌策略而做的商业演绎，受众只是被动地接收信息，此举虽然有助于提升产品的知名度，但对声誉的提高并无多大好处。同"冷冰冰"的纯商业推广比起来，这种跨界式故事营销只是改变了一下形式，却使商家站在了受众一方的立场上，是一种惰性式的互动式营销。

乐事薯片"谁是你的菜"与微电影结合的"微跨界"营销效果相当不错。当然，此举也自然获得了它的目标消费者——时下年轻人的热衷，网络上的高收视率为"谁是你的菜"薯片带来了好销量。更有不少消费者因微电影"谁是你的菜"，而专门去超市购买同名薯片，过了视觉瘾之后，想再过一把味觉之瘾，于是新顾客群产生了。（摘自《颠覆

第二章 打破传统营销模式，开拓"跨界"新思维

的口味——赏析乐事薯片<谁是你的菜>2013广告微电影》）

美国著名管理学家彼得·德鲁克有一句经典的名言："企业的唯一目的就是创造顾客。"乐事创造了新顾客，从营销管理的角度上讲，它已经成功了。就像当年乔布斯出其不意地在《花花公子》杂志投放广告而令苹果产品走俏市场一样，乐事作为相关领域的"始作俑者"，尝到了甜头之后，自然也要趁热打铁。乐事又以要闻联播的形式推出微电影《乐事天下要闻联播——谁敢比我更囧》，创作了"比厨招亲"的搞笑故事，吸引了公众的眼球，巩固了市场优势并进一步扩大了市场份额。

很多企业为了"撬开"目标消费者的心扉，在营销创意上费尽心机。尤其是在广告推广上面，为突出创意而花样迭出。但真正能让消费者为其创意埋单的却并不多，怎样调动消费者的欲望让其心甘情愿付费？不管创意多有新颖，如果只是"讲自己想讲的"，顾客们只会无动于衷。

通过"微跨界"的创意就可以更好地在受众们想听的话题里"讲自己该讲的"。微跨界可以充分结合目标消费群体的喜好，及时嫁接消费群体语境中火爆的元素，将产品或者品牌信息打入消费者的内心。微跨界把消费者想听的与自己想讲的结合在一起，既像以前一样讲了自己想讲的，又令受众群体拍手叫好，既提升了知名度，又提高了声誉和顾客对产品的忠诚度。

创意就意味着打破传统，颠覆公众心中的固定印象。当今，不仅二三线品牌需要"逆袭"来寻找上行市场空间，一线品牌也需要借助"逆袭"来扩充自己的新兴市场份额，它们的"微跨界"同样能起到良好的效果。

素有"凯撒大帝"之称的香奈儿艺术总监卡尔·拉格斐在时尚界

很有知名度，他在公众场合一贯以墨镜、黑衣的"酷"形象示人，或许是出于职业需要，他必须以此来维持这样的神秘感。不过近来这位卡尔哥有了新创意，他把自己多年精心维护的形象造型植入到了一款电脑游戏中。

把一款产品植入到网络游戏中符合营销逻辑，而把在业界享有盛誉的人物植入游戏并任人肆意"玩耍"，是否妥当呢？

在这款游戏中，仍然是一身酷装扮的卡尔和玩家展开周旋，而游戏的任务就是摘掉让他充满神秘感的那副墨镜。墨镜是游戏的主题，如果玩家赢了，就有机会获得卡尔个人品牌的墨镜一副，如果没能成功"摘下"墨镜，"卡尔"就会提醒玩家："看来你真是缺一副墨镜。"

卡尔如此"作践"自己，其实正是一个精心策划的营销活动，目的是推广卡尔个人眼镜品牌的产品。

奢侈品有时候也需要吸收"低层养分"，当高高在上的形象遇到主张个性的年轻消费者，以往的营销战略就会部分失效。要吸引并促使消费者掏腰包，商家们必须先学会与消费者互动，而"微跨界"就成了他们的互动方法。

同样地，贵族品牌爱马仕为了宣传旗下的瓷器餐具系列，也开始推出一款可爱的赛车游戏，开展贵族式"逆袭"。（摘自《奢侈品牌数字化变形记》）

业内人士指出，"奢侈品品牌现在向数字化、移动化方向尝试是正确的，除了中国市场，奢侈品品牌在其他市场应该有很多危机感，如何在年轻人中建立品牌形象，是他们必须努力做的事情。"

第二章　打破传统营销模式，开拓"跨界"新思维

大多数企业习惯了电视、时尚杂志等传统形式的沟通方式，岂不知如果变换一个思路，避开"竞争红海"，就能创造出奇特的营销安全区。不仅仅是借助数字化营销渠道，网络新媒介是圈子化的顾客聚集区，进行"微跨界"营销，改变过去的营销思维，关键就是要学会讲顾客熟悉的语言。

不少有远见的企业都在尝试"微跨界"创意，有的已经进入营销的深水区，它们必将成为下一场营销战中的赢家。回归到理性状态的成熟市场需要的是一场真正的营销革命，在更加透明的消费世界里，谁能更直接地俘获顾客的心谁就更能取得"赢势"。

其实做到这一点并不难，难的是企业经营者不愿意放下自我。传递产品的功能和品牌的理念与内涵是商家的"自恋情结"，东西好不好与公众需要不需要永远是两码事。读懂消费者的心声是一项系统工程，而懂得讲顾客熟悉的语言的商家则只需要更精准地把自己的声音传递出去即可。"微跨界"就是变被动式为主动式的有效方式，看过乐事微电影的观众有意去品尝其主题产品就是一个例子。

"微跨界"也是一种变通，只有真正走进顾客心里的产品，顾客才会心甘情愿地消费。

6. 根据自身特点进行跨界营销

近几年市场上出现了大批的新型饮料，这些饮料企业所定位的目标人群大都集中于年轻一代，这对老品牌的露露杏仁露来讲是一个非常大

的冲击，同时露露的忠实消费群体逐步老龄化问题也日益显现。因此，为了争夺和培养新一代消费者对露露杏仁露的品牌接受度，承德露露逐渐开始在年轻人的网络世界中开辟新的营销天地。

要想开辟新型市场，首先要注意培养新一代人的习惯和偏好。重点在于实现企业的营销转型，在新的市场竞争中站稳脚跟，这些都是承德露露所要面对的重要任务。

如何在网络这个新型的营销市场中取得良好的成绩，更好地迎合年轻消费者的心理，承德露露在多方面开展了市场调查与研究。根据市场调查和研究的结果，承德露露制定了一系列网络营销的具体措施。

承德露露首先进行广泛的网络广告的投放，采取多种广告形式，如通栏广告、浮层广告等，迅速扩大露露杏仁露的市场知名度，使得露露锁定的消费群有更多接触露露杏仁露产品信息的机会。

其次，承德露露运用内容植入式传播，通过在网易的健康频道开设冬夏季"健康专题"，在女性频道开设"露露特约缤纷教室"来增加与广大消费者深入接触的机会。承德露露通过普及健康知识，进一步诠释品牌的健康理念，让网友对露露产品有了更深的理解。

另外，承德露露为了获得消费者对于产品的第一手反馈，还通过在线调查的互动方式，吸引消费者积极参与。

为了适应产品和市场的需求，承德露露需要对其产品包装进行很大调整，将产品细分为不同的系列和型号，如标准型、无糖型、儿童型等，不同的产品有着不同的市场定位。露露与网易合作策划了"换装秀"活动，在换装秀的环节里，公司将设计好的包装在网上进行展示，让消费者将包装的意见和评判以投票的形式反映出来，作为企业包装设

第二章 打破传统营销模式，开拓"跨界"新思维

计的依据。

在活动中，参与活动的消费者可以通过网易公司设计的一款演示软件，将包装设计卷在罐子上进行立体演示，之后再对某款喜欢的设计进行投票。许多消费者对此次活动评价非常高。通过这个活动，还可以建立相应的消费者数据库，而活动本身又一次扩大了露露杏仁露在年轻消费者群体中的知名度。

大多数露露杏仁露的忠实拥护者都对"冬天喝热露露"这则广告印象很深，因此会形成思维定式，认为露露杏仁露是适合冬天饮用的饮品，以往饮料热销的夏季反而成了露露销售的淡季。针对这样的产品印象，承德露露也有针对性地展开一系列的网络宣传活动，除了选择网络广告之外，还注重对露露杏仁露本身营养价值的宣传。（摘自《露露杏仁露的品牌整合营销之旅》）

其实，所谓的淡季更多程度上是消费者心理上的淡季，因此，想要转变消费者的思维定式，仅仅依靠传统媒体所产生的说服效力和最终的效果都比较有限，而采用网络宣传的模式，可以很好地达成与消费者的互动，并且可以使消费者在短时间内获得大量丰富的资讯，也能够比较好地树立露露杏仁露的新的形象。注重饮品成分天然健康，而淡化季节的区分。在夏天的销售宣传中，承德露露并没有将提升销售量作为首要的任务，而是通过一系列的网络健康讲座和论坛中的宣传，向消费者传递露露品牌的"植物营养、安全健康"的理念放在第一位，使得消费者渐渐了解了"冬暖夏凉"的露露杏仁露，这样既帮助露露扭转了夏季淡销的局面，也让消费者能够更进一步地理解产品带给他们的利益点和露露的品牌内涵。

（1）抓住竞争核心——消费者群体

露露杏仁露实际上拥有着许多忠实的消费者，但是在网络发达的今天，承德露露原本偏于"原始"的促销和产品宣传方式越来越不适应新一代在网络陪伴中成长起来的消费者的消费习惯。因此，露露杏仁露面临着消费者群体老龄化的重大问题，承德露露也在这最关键的时候察觉到了问题所在，并且采取了积极的应对措施。其网络营销的策略基础就是发掘新一代的消费者，这也是企业产品面临的最大的、最核心的问题。

（2）根据消费者群体特征，选择正确的营销方式

由于承德露露是一个比较传统的行业品牌，在传统媒体中已经具备了一定的口碑影响，但是由于其新定位的消费者群体更多地关注网络，因此，承德露露也调整了企业的营销方式和宣传方向，在网络上勇于尝试开辟新的宣传和营销渠道，并且运用了各种各样新鲜、互动的手法来吸引消费者的目光。从消费者和经销商的反馈来看，露露在网上的持续性推广给客户留下了深刻的印象，也取得了很好的市场效果。

（3）网络助力露露"老树生新芽"

承德露露的网络营销并没有采取更多、更加华丽或者更具创意的网络营销方式，而是选择了论坛营销方式继续扩大其原本在传统市场中早就树立起来的口碑和健康形象。同时，也让年轻的消费者在其能够触及的网络世界感受到这种传统饮料的新变化，如露露换装的活动。

承德露露借助网络营销的方式扩大了产品的品牌影响力，开拓了新的消费群体，使老品牌历久弥新，焕发了新的生机和活力。

因此，网络营销的方式可以根据企业的自身特点和品牌积淀来选择，不一定非要采取炫目的噱头和宣传模式，只要抓住重点，即便采取平和沉稳的方

式，也可以获得预想的效果。

7. 匠心独具的创意性营销

如今，在网络高度发达的现代社会，立顿不仅利用原有的品牌营销渠道进行品牌的推广与营销，还积极创新，通过网络扩展营渠道，进一步吸引越来越多的客户，树立立顿高品质和创新时尚的品牌内涵。

立顿公司虽然不是世界五百强的企业，但是立顿在食品饮料行业中是享有一定知名度的企业。

为了扩大企业的影响力，在网络高度发达的信息社会，立顿整合企业资源，搭建了一个宣传公司文化特色和产品特色的企业网络平台。搭建了良好的平台之后，立顿的许多营销活动都以这个网络平台为基础，拉开了立顿公司网络营销的序幕。

立顿的网站虽然属于小站点，但是立顿从自身品牌形象出发，以饮食为切入点，定位于居家过日子的普通民众，创意新颖、视觉形象生动、感召力强，在网络营销策略上独具特色。

立顿公司是家制销茶饮品的公司，所以网站以传授茶叶的各种知识为主。网站请来了三个人物，分别讲述茶叶的营养价值、如何将茶叶进行搭配等。

另外，网站中还设有关于茶叶知识的测试，在测试的过程中还可以了解立顿茶的营养知识等。消费者除了可以在网站中了解立顿茶的产品信息，还可以了解关于茶的相关知识，这些都带给广大消费者耳目一新的感觉。

诗外有诗，方是好诗；词外有词，方是好词。以网站建设来讲，企业不能直接将企业产品手册不做任何改动地上传到站点上去，而是要将网站的"弦外之音"通过"服务为本、与众不同"的设计传递到消费者手中。只有让消费者通过企业网站获得更多的信息和"好处"，企业的网站才会有所收获，基于企业网站的网络营销才能成功。

让消费者获得更多具有个性化特色的营销服务也可以让消费者心里产生"焦点关注"的满足感，个性化营销更能投消费者所好，更容易引发互动与购买行为。这些都是立顿公司企业网站所关注的焦点。

随着网络越来越深入人们的生活，以及QQ、微信等即时通信工具的盛行，如何利用这些新型的网络媒体进行营销也是一项很重要的课题。

QQ、微信等通信工具能够为用户提供个性化签名服务，个性化签名可以让用户随意表达自己的心情、状态和个人的特性。这种个性化的签名迅速带动了签名热的流行。而随着个性签名的关注度越来越高，很多企业也开始利用这些个性化签名传播企业的一些相关信息。

立顿公司针对白领们工作日的下午，总是会因工作压力出现昏沉、缺乏灵感的问题，抓住了提神醒脑、获取灵感的消费诉求，设置即时通信工具中的网络机器人小i，向白领传达立顿的午后"灵感"。

用户与机器人聊天的过程中，对话框中设置立顿茶为头像，这就可

第二章 打破传统营销模式，开拓"跨界"新思维

以让所有通过与机器人小i进行对话的用户直观地看到立顿的广告。因为图片比文字识别具有更好的广告效应，因此，立顿的这种头像广告可以给用户留下深刻印象。

立顿公司与腾讯公司进行合作，不仅是看中了机器人小i在即时通信平台用户中超高的人气和较强的用户黏度，更重要的是，机器人小i所传达的是一种"自愿、便捷、可靠"的信息，这样的信息更能体现立顿"以人为本"的品牌诉求。（摘自《立顿的网络整合营销分析》）

在网络营销中，立顿所体现出来的创新性活动在许多大企业中较为罕见。

立顿将消费者的诉求作为企业自身追求的一个重要方面，也是立顿能够获得消费者喜爱的重要因素。综观立顿的网络推广可以看出，立顿始终能将自身的品牌文化融入企业的网站设计以及网络营销中，通过长期的积累和积淀，使得立顿的品牌形象由始至终表现出一种统一性。

立顿在网络营销中另外的一个制胜诀窍在于对时效性的把握得当。立顿能够迅速地把握住时尚信息、网络潮流，做到适时更新网络推广，从时间上领先竞争对手，从内容上压倒竞争对手，从互动功能上更是优胜于竞争对手。

立顿的创意性营销主要表现在以下两方面：

（1）多提供个性化、互动式的服务

一个企业最大的财富就是企业的忠诚客户。要培养出企业的忠诚客户，就要求企业网站能够为客户提供具有特色的、个性化的和互动性的服务，聚集人气、培养消费者、发挥商业功能。

忽视客户的需求，无论什么样的营销也都会失去意义，只有重视消费者的需求，将产品持续展现在消费者的眼前、意识中，将企业的品牌理念形象化，才能逐步培养忠实的消费者。

立顿的网站建设就充分体现了为客户提供个性化、互动性服务的准则。由网络搭台，由饮食、茶叶唱戏，并辅助以文化、亲情，在网络的世界中立顿树立起了自己的品牌。

（2）要不断创新网络推广方式

立顿敏锐地把握住了网络的发展，体会到了网络即时通信工具对人们的影响，推出了立顿的机器人小i。

立顿网络营销的成功在于其创新推广的形式，并重视消费者的习惯和消费心理。可以说通过成功的网络营销，立顿改变了一代年轻人和白领的喝茶习惯，利用网络的创新营销手段，实现了与消费者的亲密"互动"，使得立顿品牌融入了一代人的生活。

8. 不同行业跨界合作，共享彼此市场

最近几年，美剧在国内很受欢迎，而大多数人观看美剧的途径是网络，这也对高清正版影视作品的需求量越来越大，搜狐视频在正版高清的基础上又向前迈了一步，开辟了美剧播出渠道，基本做到了与美国本土同步更新。这样的方式成功地抓住了大批观众，同时形成了搜狐在网络视频上较强的竞争优势。

第二章 打破传统营销模式，开拓"跨界"新思维

欧莱雅选择了与搜狐视频进行合作，一个是全球知名化妆品品牌，也是全球美妆时尚趋势的代表者，另一个是视频界的先驱。欧莱雅选择了以搜狐高清视频独家播出的时尚美剧《绯闻女孩》为主题，带领消费者展开非比寻常的时尚体验，让广大的目标消费群能够与"绯闻女孩"一起时尚生活。

宣传活动中，欧莱雅主要以《绯闻女孩》为主题，推出了一系列"像绯闻女孩那样去生活"专题活动。让广大对美剧了解不多的受众知道"绯闻女孩"是谁，了解"绯闻女孩"的男朋友们的信息，甚至邀请消费者在"绯闻女孩"的带领下一起参观美国纽约上东区。并且由欧莱雅教你如何像"绯闻女孩"那样进行丝袜搭配，一起参观"绯闻女孩"的私家衣橱。

这一系列活动的展开受到了很多时尚女性的关注，在关注的人群中有美剧粉丝也有欧莱雅品牌的忠实粉丝。通过这些活动使美剧粉丝也逐步关注欧莱雅的品牌信息及产品活动，而关注欧莱雅品牌信息的消费者也关注起这部充满了时尚气息的美剧。如此，欧莱雅通过这样的活动扩大了品牌目标消费群体，而搜狐也拓展了视频的观看者范围。

在这些专题活动进行时，欧莱雅联合搜狐还对"绯闻女孩"的剧集进行剧情解密等，这些揭秘节目也都符合追剧观众的心理。

欧莱雅与搜狐的活动受到了众多网友的关注，也同时造就了欧莱雅与搜狐的双赢。

在活动中看过剧以及时尚揭秘节目的网友，开始追逐"绯闻女孩"那样的生活，想要拥有那样崭露头角的机会。

欧莱雅又建立了名媛俱乐部，在国内寻找有"绯闻女孩"潜力的年轻人，为他们提供展示自己的机会。

经过前期活动宣传的铺陈，欧莱雅寻找中国版"绯闻女孩和男孩"的活动引起了大量时尚男女的关注。这为欧莱雅新一季产品的推广创造了非常好的条件。（摘自《欧莱雅网站推广优化思路》）

随着网络的发展，特别是网络视频技术的发展，越来越多的人从看电视变成了看手机的转移，使许多聪明的广告主也转移了广告投放的阵地，广告主跟随着消费者的脚步，这也是精准营销不变的法则。

但是也不要盲目追随，企业还是要根据自身品牌和产品的目标客户群体来准确判断出属于自身品牌的核心消费群体动向。通过判明消费者的动向进行精准营销。

欧莱雅通过市场调查，精确地选择了流行全球的时尚美剧《绯闻女孩》为主题，结合搜狐的独播优势，进行品牌和产品宣传的活动，将其所倡导的时尚理念融合到宣传活动中，将用户带入全新体验之中，从而将品牌及产品潜移默化地推荐给用户。

欧莱雅的成功主要体现在以下两方面：

（1）充分利用独家资源的优势

作为独家特约搜狐高清正版视频合作伙伴之一，欧莱雅享有《绯闻女孩》的独播剧赞助优势资源。

在此次活动中欧莱雅正是充分利用了这一优势，将对美剧和时尚感兴趣的男孩和女孩们带入剧中的时尚生活，感受剧中的时尚，而这些对美剧感兴趣的时尚男女也正是欧莱雅的目标客户群体。

（2）令人追捧的软性广告

欧莱雅以软性广告植入的方式向观众介绍品牌理念及产品。这种软性广告植入与剧情相融合，使宣传更具亲和力，使消费者更容易接受品牌理念和产品信息。

第三章

把握移动终端，
实现强势跨界

近年来，随着便携式电子设备的普及以及移动互联网的飞速发展，一种全新的商业模式正悄然改变着人们的生活习惯和消费模式。当传统电商市场趋于饱和，电商品牌深陷"价格战"漩涡之际，移动电商迅速崛起并呈现出"井喷式"的增长。这对于后电商时代的品牌商家而言，无疑是一片潜力无限的蓝海市场！

1. 敢于及时触网，懂得适时转变

在网络高度发达的数字时代，各种类型的企业都非常积极地通过网络来进行企业的品牌推广和用户交流。而网络营销的巨大影响力对这些快速消费品和大众品牌的营销粗度也是长久而连续的。"冰雪皇后"（DQ）这位一向雍容的"王后"也渐渐参与到利用网络来进行品牌宣传与产品销售的浪潮当中。

2009年，"冰雪皇后"（DQ）开通了其公司的博客——Official Dairy Queen Blog。在博客上，DQ以人性化的方式，与其客户进行互动交流。

在公司博客上会发布公司的一切相关信息，包括公司新闻、新产品上市、促销活动以及新出炉的广告等，而最具人气的还是博客中有关品牌和产品的一些有趣的故事。

从这些内容中可以了解DQ的品牌理念、新产品的背后故事以及一些最新鲜的促销信息等。这个博客不仅仅是用来发布公司新闻的一个区域，而且是让消费者更加了解公司的一个很好的渠道。

继博客之后，DQ又开始使用新型的网络传播工具——播客视频方式，公司的CBO迈克尔作为品牌的发言人经常通过网络播客来进行公司成功案例和品牌故事的传播。消费者和广大网民可以通过点击网络中的相关链接，更深入地了解这位平时与普通消费者有一定距离的很神秘的DQ。通过博客和播客可以使消费者与"冰雪皇后"（DQ）拉近距离，而且可以更加生动地了解"冰雪皇后"（DQ）的品牌故事和产品的一些幕后故事。

随着Facebook（美国社交网络服务网站）在美国的创立与发展，DQ也在Facebook上开设了官方网页。由于Facebook在美国的影响力很大，通过Facebook，DQ也获得了更多的粉丝。

其实对于企业来讲，企业的消费者存在于哪些平台，哪些平台就是企业必须进入的平台。如果企业放弃这些平台的话，就如放弃了一些企业应该争夺的"战场"一样。

进入Facebook一年左右，DQ在Facebook上的粉丝就超过了10万名，而且粉丝以日增几百名的速度在壮大发展。根据对Facebook中DQ粉丝的统计表明，在Facebook上关注DQ的62%是女性，这一点可以帮助DQ对企业的目标群做出合理的分析。由这个统计结果看，在各个家庭中购买奶制品或者冰激凌的消费者大多是女性，因此，这点与DQ将目标消费者定位在都市女性上非常符合。

这位雍容华贵的"冰雪皇后"在进入Facebook之后，还参与了网络中刚刚流行起来的Twitter（美国社交网络及微博服务网站），2009年，DQ在Twitter上开设了公司官方的微博账户。而DQ登录Twitter时，还发生了一个小插曲。当初"冰雪皇后"在申请使用"Dairy Queen"这个名字进行登录时，才了解到"Dairy Queen"这个名字已经被别人注册使用了。之后，DQ经过与Twitter几个月的交涉，才把这个账户问题解决了。这个小

第三章 把握移动终端，实现强势跨界

插曲也为很多企业提了一个醒：网络中的任何资源都非常重要，不仅是企业，对个人也一样。（摘自《整合营销世界中的"冰雪皇后"DQ》）

因此，企业要学会保护好自己的相关信息，不仅要学会利用法律武器，有时候还要学会运用一些技巧。

Twitter一直是美国注册量巨大的网络媒体平台，在美国，想要进行网络营销的企业如果没有进入Twitter的话，这个企业就不算是真正做到了网络营销。

DQ主要利用了Twitter的及时性和沟通的便利性对产品的品牌进行信誉度的监测，对客户进行管理。另外，DQ在Twitter上发布一些促销信息来吸引更多的消费者。当然，DQ同样在Twitter上进行品牌理念和品牌故事的传播。同时，DQ为了加强与消费者之间的互动与交流，还对在Twitter中发表问题或者意见的消费者给予有意义的回复，这也都充分体现出DQ对消费者意见和建议的重视程度，这使消费者对该品牌的喜爱度得以提升。

DQ不断地追赶网络的发展，不断地在新兴的网络媒体发布品牌信息，充分利用了各种网络营销的手段和网络媒体的特点，吸引了大量消费者的关注。

纵观许多企业的网络营销经历，它们不一定在每一次营销中都运用噱头和创新，但是，要进行网络营销在思想和理念上应不断更新，赶上网络的发展速度。

DQ将网络营销与企业的经营理念和经验融合，这样的网络营销更有效、更积极。

DQ的网络营销成功之处主要有以下几方面：

（1）亲民的博客

DQ的企业博客选择了亲民的角度，没有硬邦邦的表达，处处体现了DQ的人情味，这样的博客对于消费者来讲，更具有吸引力。DQ还在博客中增加了能够体现公司个性化和品牌形象的信息和元素，使消费者对DQ更加了解，DQ更能吸引消费者浏览企业的博客。

（2）传播方式生动、立体

DQ在宣传中比较注重对视频、音频等传播方式的运用，这些宣传方式生动立体，比文字传播更能吸引消费者的注意，也更容易受到消费者的喜爱，利用这些方式将企业的相关信息植入其中也更容易被广大消费者接受。

（3）紧跟社会潮流，积极更新思路

DQ的网络营销成功之处还在于，能够及时把握社会潮流，根据潮流积极更新思路，推出多种新颖的网络促销活动。DQ能紧紧抓住网络热点，融入宣传，并与消费者展开积极、有效的互动活动。

2. 网络口碑营销

一说到彪悍，很多人难免会认为彪悍的人一定是冲动的、没有大脑的。

第三章 把握移动终端，实现强势跨界

但是，在现今倡导张扬个性的时代，要想彪悍必须先具备彪悍的实力才可以。

联想笔记本IdeaPad Y460的推广就打出了"彪悍"的宣传口号。那么，联想此次推崇的彪悍是什么呢？是自身实力的真实流露，是在强大内涵支撑下不怒而威的自然延展。

从联想Y450升级后的联想Y460被称为"彪悍的小Y"，"彪悍的小Y"能更加逼真地呈现游戏环境与虚拟世界，能实现高分辨率和流畅的帧速率，从水流效果、柔性阴影、面部细节、爆炸特效再到表面纹理以及复杂的几何结构，"彪悍的小Y"为消费者构建了能达到影院级别的虚拟世界，从而为使用者带来惊心动魄的游戏体验。

在这个信息爆炸的网络世界，人们有机会见识到许许多多的"彪悍"故事，联想将这些彪悍的故事与此次的新产品上市联系在一起，让消费者有机会见识到这个世界的奇妙与震撼。

就在同年的秋天，一个名不见经传的ID（身份标识号码）在网络中发布了一则非常"彪悍"的帖子，使得这个秋天出现了一次灵魂级的"彪悍"事件。这个名不见经传的ID自称"彪悍的小Y"，他首先在ChinaRen社区发表了一则名叫"彪悍的小Y不只是传说！"的帖子，同时开始不断地晒出自己的彪悍人生和多年以来的人生经历。帖子在一夜间让数千万混迹ChinaRen的年轻人找到了共鸣。在这些"80后"和"90后"的追捧下，仅仅在短短的几天之内"彪悍的小Y"的彪悍故事的点击量竟然超过了200万次，而回复、讨论的帖子更突破了1万多次。这个颇具色彩的新锐人物突然就在网络中蹿红了，甚至从ChinaRen波及其他网

站。有更多网友开始通过百度搜索这位"彪悍的小Y",许多网友开始在"百度知道"等地纷纷悬赏打探"彪悍的小Y"的背景,更有人自发组成"小Y家族",在网上"四处兴风作浪"。

有的人把"彪悍的小Y"戏称为"彪跑的人生";有的人则将他称为"贾君鹏、范跑跑综合版";还有人严肃地称他是当代的中国"阿甘";另外一些网友更是尝试效仿他的种种行为,希望能够获得关注。

"彪悍的小Y"用他执着的精神撼动了网络,使"彪悍"又有了全新的定义及更深层含义。(摘自《联想Y450笔记本:彪悍的小Y不只是传说》)

"彪悍"是小人物的大智慧,"彪悍"使人们有勇气直视自己的内心和现实。联想IdeaPad Y460的个性、潮流的外观设计、超凡的视听感受成为它传达给用户最直观的彪悍宣言。

此时,"彪悍"已经不是戏谑的调侃,而是新生代生活方式和生活态度的真实宣泄。

联想此次对IdeaPad Y460的总结性阐述就是"有一种超越叫小Y"。而且以此为出发点,延伸出"迅猛、真实、穿越、格调"四个特色卖点,在整体宣传过程中,除了利用网络论坛提出"彪悍"的新定义和含义,还运用动画设计,使信息覆盖视频广告和产品网站。

此次"彪悍的小Y"事件是否真的像许多媒体所说的那样"只是几个学生合伙上演的闹剧""彪悍的小Y"到底是谁?而他又是如何在天涯论坛里缔造横扫凡帖必复神话的?

从抢沙发到凡帖必复,从天涯爆料到万人跟帖,整个过程环环相扣、步

第三章 把握移动终端，实现强势跨界

步为营，绝非一般人所为，而是一次极富创意、策划缜密的网络营销事件。

那么，"彪悍的小Y"为什么会如此成功呢？

（1）抓住大众猎奇心理的口碑事件营销

"彪悍的小Y"是联想针对IdeaPad Y460笔记本彪悍的性能和主流的价位所策划的一次网络口碑营销事件。事件抓住网民猎奇的心理，在短短20天内凭借着抢沙发和凡帖必复的彪悍行径引发了公众的广泛关注和追捧，在天涯搭起了"万丈高楼"，并创下千万次的点击量。

（2）超越"贾君鹏"的"彪悍的小Y"

有媒体甚至说"彪悍的小Y"是超越了"贾君鹏"事件的一次成功的网络营销，为什么会这么说呢？

众所周知，"贾君鹏"在6小时内创造了近40万次的点击量和近2万条的回复量，但根据媒体的调查，很多网友只是记住了"贾君鹏"这个名字，却并不知道"贾君鹏"到底是谁，这个名字与什么有联系。换句话说，大众并不知道这个"贾君鹏"为谁而生。在大多数人看来，"贾君鹏"仅仅是一个网络红人的名字，而企业希望通过"贾君鹏"事件传达的相关信息却鲜为人知。

反观"彪悍的小Y"，天涯网千万点击量的背后是绝佳的网络营销创意，很巧妙地利用抢沙发和凡帖必复等方式及网络新兴名词进行产品推广，使"彪悍的小Y"的种种彪悍行为与IdeaPad Y460产品宣传角度高度契合，从而为企业的产品营销带来了良好的效果，极大地拉动了销售，实现了网络营销的主旨。

如果站在企业营销的角度来讲，"贾君鹏"事件只能算一次成功的网络热词炒作，而"彪悍的小Y"才是网络口碑营销的经典案例。

3. 利益共享才能跨界共赢

荣威（Roewe）是上海汽车工业（集团）总公司旗下的一款汽车品牌，该品牌旗下的汽车技术来源于上海汽车之前收购的"罗孚"。该车型于2006年上市。

荣威在4年时间里迅速发展，其产品已经覆盖了中级车和中高级车市场，"科技化"已经成为荣威汽车的品牌标签。荣威主打的品牌口号为"品位、科技、实现"。

荣威350的上市目标是打造上汽自主品牌的拳头产品。作为荣威550之后提升销量的主力车型，荣威350力争跻身A级车市场中的主流代表车型。

荣威350以3G网络及智能手机应用进一步加强了"品位、科技"的品牌形象。在进行品牌形象宣传时，荣威非常注重将350与550进行较为明晰的市场划分，荣威350的宣传口号是"车中的别样生活！（Another life in your car）"，主要宣扬的是品味互联生活。

荣威350在上市时所面对的传播挑战有很多，最先面对的挑战就是如何快速传播350上市信息。其次是采取何种手段才能凸显荣威350的3G属性。

荣威350的整个上市宣传阶段，划分为预热阶段、上市阶段以及上市维持阶段。传播的重点是前两阶段。在传播内容和媒体策略组合上，采用平行与交叉相组合的方式，以期达成各阶段的传播目标。

前期的宣传阶段要注意热点平台的同时运作，通过积分以及病毒式传播的营销体系来促使消费者关注荣威350，将荣威350的信息迅速传播出去，并强化荣威350的3G特点。

荣威还与腾讯QQ联合推出了"多转多Q钻"的350斗地主大赛，吸引网民关注并进入活动网页，通过多种途径传递荣威350上市信息并获得奖励；将350的主张通过宣言、礼物、魔法表情等腾讯用户熟悉的形式，借助腾讯的虚拟礼物与Q钻等奖励机制，快速转发、传递。

仅一个月的宣传，就吸引了超过249万的人参与活动，其中，魔法表情使用人数达到143万，礼物使用人数仅两周就达到46.8万，领取挂件人数则达到了59.7万，可以说这次活动达到了很好的宣传效果。

除此之外，荣威还通过市场调查对国内几个休闲游戏平台分别做了比对和研究，记录投放时不同游戏平台与目标消费者的匹配，同时在游戏中加入了传统的斗地主和当时的热点游戏三国杀等。

通过综合考虑平台投放的效果以及与用户的契合度，荣威除了选择与QQ进行合作之外，还与起点在线小说平台进行合作。起点的在线小说平台与荣威350的产品有一定的契合度，这个平台可以将荣威350的特点通过在线听书、在线听新闻的功能进行巧妙的融合，因为习惯在线看书的用户对读物可有声化的平台卖点敏感，好感度要更高于其他平台。

荣威350在推广上市的阶段选择了在开心网上进行广告投放，将"全时在线轿车"的产品信息与"一路结交好友"进行非常紧密的结合，针对SNS（社交网络服务）中网友的兴趣和习惯设计了相应的创意广告，将广告内容与平台特性进行高度关联。

各个门户网站的财经板块及财经类网站的读者群体与荣威350的客户群体高度重合，荣威350在财经网站的广告也充分结合财经爱好人群的兴趣内容，将荣威350车与理财、股票、基金等内容紧密关联，挖掘财经爱好人群"车内在线理财"需求，以荣威350的"全时在线"的特性来打动财经爱好人群。

除了在财经网站中进行荣威350上市信息的投放外，其在生活搜索网站如丁丁地图、大众点评网等进行广告的投放和信息的传播。

丁丁地图的生活搜索和地图查询功能是网友生活、出行的常用查询工具，这里的用户登录网站往往目的非常明确，即迅速找到有用的出行信息，而对其他信息并不十分敏感。这种牢固的行为习惯对荣威350在此类平台上的推广提出了挑战，因此荣威350针对地图类媒体用户使用习惯，选择用户最常用的媒体工具和行为路径投放广告，并利用创新的广告形式，如生活搜索条触发式小车按钮、公交地图线路荣威350小车动态行驶、公交查询页面上关于荣威350的贴片来吸引用户的关注和点击。

在大众点评网，这类以饮食等生活信息内容为主的网站中，用户在网站上的行为也主要针对生活信息查询，查询结果是网站用户最关注的内容。荣威350选择大众点评网的信息查询结果终端页面如美食、结婚、购物频道搜索结果页、地图打开页、优惠券单页等进行广告投放，集中在用户关注的信息页面曝光产品广告，较其他位置收到了更好的投放效果。

荣威还与豆瓣网搭建了荣威350品牌俱乐部，在品牌俱乐部内举办如汽车音乐、公路电影、主题摄影等平台用户喜爱的线上活动，吸引网友关注并参与互动。荣威所采用的广告素材以品牌俱乐部活动征集到的网友作品为主，以品牌活动内容吸引关注并建立品牌亲和力。另外，荣威还与豆瓣电台音频展开合作进行广告植入。值得注意的是，荣威与豆瓣的合作具有十分独特的方式，这是由于豆瓣网全站只有一个广告位，广告合作空间较小，而且豆瓣用户热衷讨论音乐、电影、书籍等生活文艺话题，对明显的商业广告较抗拒。豆瓣平台独特的架构使用户分散在各个兴趣小组、自发活动页面中，用户通过人际关联相关影响。豆瓣平台的特性决定了荣威350在豆瓣上的推广方式需要完全区别于其他网站。因此，此次在豆瓣网上的广告投放从推广内容、互动形式、创意风格上都尽可能"豆瓣化"，用豆瓣网友喜闻乐见的沟通方式与之交流互动，因此荣威350在豆瓣上讲的不是汽车，而是与汽车有关的生活态度。

荣威350的产品特性非常适合选择IT类内容媒体平台作为传播渠道，但从以往的投放效果上看，IT类媒体平台的用户目的性极强，对于非IT类产品敏感度及关注度不高，因此此次350上市投放的应用策略主要以内容合作的方式进行传播占位，开设3G汽车板块，进行内容方面的渗透，进行产品的预热、专业评测、体验报告，从IT数码编辑的角度和方式，把350的产品卖点当作一款时尚数码产品深入解读给IT用户。

（摘自《荣威350上市媒介传播营销案例》）

荣威350的特色在于它的智能化网络行车系统Inkanet，其中融合了3G数字智慧，还涵盖了购物、资讯、影音、娱乐、商务、交友等这个时代的特征。基于网络与移动通信技术的发展成果，荣威350作为首款基于云计算信息互动系统的"全时在线互联轿车"，以汽车信息化技术推动汽车产业的新一轮革命，为消费者带来更高效、更便捷、更丰富的"新能效生活"。针对荣威350的3G特色，荣威此次采用了多渠道的推广方式，取得了非常不错的宣传效果。

（1）针对新渠道的挖掘应用

荣威350此次推广的方式摆脱了原有的汽车推广特定渠道，采取了全方位的推广方式，并且在广告投放和宣传创意中都非常注意与合作平台进行联合，并且主动适应该平台中用户的使用特点进行具有针对性的信息投放。总体来说此次荣威350的产品推广三个阶段都非常成功，基本达到了预先设定的效果。

（2）荣威的荣耀上市

自荣威上市信息在网站上投放一个月以来，荣威的官网访问就超过了800万次，而最终有超过18000人次完成预约试驾申请，同时，荣威350在各种媒体舆论口碑榜上的关注度遥遥领先。

通过前两个阶段的推广，最终在车展开幕当天，荣威350的百度指数中，媒体关注度、用户关注度直冲最高峰，荣威350成了舆论焦点。

4. 消费群体有共性才能跨界成功

欧莱雅可以说是全球最有知名度、历史最为悠久的大众化妆品品牌之一，主要以生产染发护发、彩妆及护肤等产品而著名，它的出众品质一直备受全球爱美女性的青睐。

欧莱雅是日化工业发展史上很有代表性的一个品牌。巴黎欧莱雅拥有骄人的产品研发背景，具有一流的药学试验室及皮肤学中心，还有遍布全球的研究测试中心，使其不断推出适应全球消费者不同需要的优质科研产品。

欧莱雅作为全球最大的化妆品公司，在业界享有极高的声誉和地位。

如何在欧莱雅百年纪念的时候在网络这个平台上彰显出其百年品牌魅力，聚集众多消费者的目光，让品牌与消费者充分互动，是欧莱雅百年纪念营销的重点。

具有百年历史的欧莱雅，并没有选择传统的周年庆祝方式，而是选择慷慨之举，推出"欧莱雅100公益计划"，全力支持大学生的创业梦想。

欧莱雅此次的整个活动不仅规模空前，更具独特的创新看点。首先，欧莱雅"百年庆典"以传递"爱"为主线，选择容易引发受众共鸣的情感诉求，巧妙地增加受众对欧莱雅的品牌好感，有效传播欧莱雅百年公益理念，让美丽不仅仅停留在表面，更上升到心灵美的层面，让受众感受到欧莱雅的社会责任感。

欧莱雅在此次宣传中主要借助"百度空间"平台，通过空间互访、送礼、分享模块等互动形式来积极调动目标消费者参与，使得欧莱雅品牌与受众能够有比较深层的沟通，同时受众也作为信息载体和主动传播者，与其他受众进行全方位互动。

受众在传递爱心过程中，每互相赠送一份欧莱雅礼物，便会增加一次欧莱雅的品牌曝光，如此反复，达到事半功倍的传播效果。这是一种病毒式传播模式，一个微小的举动，使每位活动参与者的个人空间都成为欧莱雅爱心的承载平台，每一份爱心礼物就像一个病毒"感染"着每一位参与者，"爱"之病毒无形蔓延的同时欧莱雅的品牌影响也在无限扩大。

此次欧莱雅以其百年品牌的影响力联合了百度空间的传播力量，全力调动最有价值的推广资源，使得此次活动的效果大大突破原来的预期，同时也刷新了百度空间活动的纪录。（摘自《百年欧莱雅 网罗百万爱心》）

此次活动的总曝光量高达8亿多次，模块安装数量达到5万多个，礼物送出数量达100万份。到活动结束之时，参与者奉献的小心意达到132万个，欧莱雅的爱心树也随之茁壮成长，它的壮大更显示着欧莱雅品牌对参与者的凝聚力。在互动过程中，欧莱雅不仅潜移默化地传播了欧莱雅品牌的百年历史和公益理念，更用"爱"完成了与消费者的深入沟通，达到了品牌与消费者的心灵契合，借此扩大了欧莱雅的品牌影响力，增强了品牌美誉度。

欧莱雅此次营销活动的成功点主要有以下几方面：

（1）锁定目标受众人群

由于百度空间聚集的大多是19～30岁的具有活力的年轻网民，这与欧莱雅的目标消费人群具有高度的契合度。这些网友居于时尚前沿，勇于追求、乐于分享，受教育的程度也很高，其中70%以上为大专以上学历。他们敢于挑战新鲜事物，有很强的消费能力，也是化妆品品牌的主要消费人群。因此欧莱雅的百年纪念活动准确地锁定了与百度空间联合，也就准确地锁定了自身的目标消费者。

（2）全方位活动专题导入

借助百度空间与百度搜索、贴吧、知道的全面贯通，在所有目标受众可接触的版块进行活动信息的反复展示、曝光与强化，引导更多受众参与。

（3）创意互动呈现，"爱"的传播无限延续

基于百度空间互访和"找朋友"的特点，欧莱雅采用空间礼物传递和模块分享的方式来传播百年爱心的公益理念。

当用户添加"百年欧莱雅"模块，其空间的所有者和来访者都可以挑选表达关爱和祝福的欧莱雅爱心礼物送给身边的亲朋好友，每送出一份欧莱雅礼物，即可收获一颗欧莱雅爱心，累计爱心数量多者可获得欧莱雅的爱心大奖。

5. 线上游戏带动线下销售

美的微波电器事业部是美的集团旗下一家集研发、生产、营销为一体的现代化企业，产品有微波炉、烤箱、果蔬净化机、面包机、照明产品等。在产品制造中，美的微波炉公司采用行业领先的设备和技术，拥有21条全自动装配生产线，并分别从德国、日本引进世界上最先进的喷涂生产线、全自动冲压生产线，美的微波炉年生产能力达2500万台，是全球两大微波炉生产基地之一。

在虎年到来的时候，美的的虎年新春促销客户预期目标有两个：促销信息广泛告知和线上活动直接带动销售。

在这次促销推广中，美的遇到了四大挑战。新春是促销高峰期，各行各业都会针对各自的消费群体进行促销，怎样才能在众多的促销活动中鹤立鸡群，是摆在美的面前的第一个挑战；一次促销活动的成功与否与参与人数息息相关，如何简化参与流程，不引起用户反感，并最大限度地进行病毒式传播，这是进行新春网络宣传的至关重要的一点，需要仔细考量；本次促销以网络宣传为主，其希望的传播效应除了带动一部分在线团购之外，将网络宣传转化为线下销售量也是非常重要的一个挑战；美的新春网络宣传的预算不足百万元，但是要进行长达两个月的推广期，在这种预算有限的情况下，如何能创造出比较好的宣传效果？

第三章 把握移动终端，实现强势跨界

为了达成此次宣传的预期目标，在推广预算有限、推广周期较长的情况下，美的除了针对大众消费者之外，还确定了最有购买可能性的4类人群作为网络宣传的目标人群。

将目标消费者的不同购买特点进行区分：团购消费者的购买特点是群体采购，以期获得更多的优惠。而有换购旧家电意向的家庭用户则比较注重家人需求的提升，生活品质的提高，原有产品需要更新换代。如果目标消费者是新婚夫妇，那么他们的购买特点则是刚组成小家庭，家庭配套的基础设施需要完善。而有新生儿的家庭其购买需求则会倾向于更加方便快捷的厨房家电以协助家人减轻生活负担。

根据之前对消费者的调研以及此次网络营销的宣传目标，美的成功地运用线上游戏结合抽奖的方式，来促进消费者的参与，引导消费者自动转发活动信息，并带动线上线下的实际销售。

美的微波炉促销的网站根据其新春促销主题"五虎闹新春，健康蒸立方"采用代表喜庆的红色，并将美的五虎与本次活动奖品直观地呈现在网站首页。这样紧扣主题的网页设计使活动非常具有新春的特点，符合中国人在传统节日期间欢乐红火的习俗，而且也紧扣了此次活动的主题。

美的微波炉新春促销游戏"幸运转转转"将奖品通过活动的页面直观地展现在大转盘上，更好地刺激消费者积极参与活动。另外，为了促使消费者积极、自发地转发活动信息，该线上促销活动采用"转发抽奖"机制，只要转发就有机会玩"幸运转转转"参与抽奖，这样也可以不断刺激用户进行转发与抽奖，实现一种病毒式的传播。

在此次活动期间，美的还在活动网站提供在线下载优惠券的服务，消费者可以选择将优惠券打印出来，或以彩信方式发送至手机，并且还允许以彩信的形式转发，通过这样的方式优惠券能最大限度地被传播推广，直接带动线下的实际销售。针对团购用户，网站另设团购入口，网站引导网友进入团购平台积极参与线上团购。

由于美的此次宣传活动持续的时间较长，为了维持用户参与活动的积极性和黏性，美的将大奖的抽取设置在了圣诞、元旦、春节三个节日的时间点上，以便最大限度维持受众对本次活动的关注，增加用户黏性。

本次活动将美的五虎形象生动地植入美的微波炉音乐贺年卡中，用户也可自己编辑贺卡音乐发送给好友，同时转发贺卡也可获得多一次"幸运转转转"的抽奖机会，极大地刺激了用户的转发与分享。

最后，为了扩大活动的影响程度和范围，美的还利用论坛带动人气。在社会媒体网站上开展问卷调查，并依托论坛意见领袖的影响，广泛影响潜在购买人群意愿，并成功把论坛人气转移到活动页面。

活动期间有很多网友主动在相关论坛中发表对活动的意见或者建议，也有很多消费者在看到论坛中的信息之后加入美的新春促销的活动中。例如，有新浪网友说："我听说这个活动是一直持续到春节的，人人同乐嘛。"也有天涯的网友表示："我妈妈说美的微波炉挺好用的，也适合老年人使用，毕竟操作简单，对于善忘的老年人来说是很重要的。"还有百度网友说："那个'五虎闹新春，健康蒸立方'的活动我已经参加了，线上也有，网址不记得了，楼主可以去百度搜索下美的微波炉'五虎闹新春,健康蒸立方'。"这些网友作为各自独立的个体所发表的信息或者意见更具有客观性,可以达到吸引更多消费者或者为消费者提供更加客观、可信信息的目的。

美的微波炉这次的网络宣传活动上线后,很好地达到了促销信息广而告之以及带动线上和线下销售的目标,也同时有效地拉动了线下门店及柜台的人气。(摘自《美的微波炉"五虎闹新春,健康蒸立方"》)

美的的这次新春宣传活动通过网络平台和网络互动促使更多的消费者主动去了解美的蒸立方微波炉。通过论坛引导,也引起网友对用微波炉蒸菜这种烹饪方式的关注,从而侧面推动了消费者对产品功能特性的了解。

(1)突破促销降价传统,采用网络手段整合销售

本次促销突破了传统促销叫卖降价的常规模式,创造性地综合运用多种互联网传播手段、工具及技巧,并使这些手段及工具有效互补,使广告效果在短期内通过销量的提升及对比获得了客户的认可。

此次网络营销整合了无线营销方式,消费者可以在活动页面输入手机号码即可获得彩信优惠券,线下购买时享受优惠,这直接带动了线下促销。并且允许消费者采取转发换取抽奖的激励机制,有效促进用户间的自发传播,达到了病毒式营销的效果。

美的宣传活动还支持团购模式,美的借助专业媒体,如淘宝网的团购平台,方便快捷地完成团购。

(2)精准传播+社区分享

此次活动进行的同时,美的还借助社会化媒体的意见领袖的影响力,广

泛告知并辐射有需求的用户，形成良好的活动口碑效应。借助意见领袖效应，鼓励分享，把社区、论坛的人气带到活动网站，同时整合官网游戏，大大提升了活动影响力。

由于此次宣传活动的预算有限，因此美的借助搜索引擎和垂直类媒体，实现精准锁定有需求的用户，并且主要针对本次传播需要重度影响的四类人群。通过针对性的社区、论坛，借助意见领袖效应，举办趣味问卷活动，激励社区及论坛分享，利用口碑营销把活动信息广泛传播。由于推广周期较长，在媒介投放的时间选择上，根据圈定的重度影响的四类人群，合理安排了广告投放的时间点，尽量拉长投放战线，以达到最经济的投放效益。

6. 品牌优劣势可进行相互补充

中国市场的品牌竞争在2008年达到了全面升级，而在竞争激烈的饮料行业中，品牌的竞争也就进入更加白热化的程度。随着饮料市场中饮料种类的扩展，饮料家族中增加了许多新的成员，如红茶、绿茶、凉茶、果汁、果醋、果奶、功能性饮品等。饮料界中的众多知名大品牌都迅速地推出各种新的品种，这些"新秀"将各个超市的货架填得满满的。

汇源作为饮料界的知名品牌，为了在此次的"品牌竞争战役"中获得胜利，不断发挥品牌优势、运用新型"武器"。创新是企业再度成为行业竞争胜利者的重要条件，汇源果汁的"奇异王果"饮料的网络营销事件充满了新鲜的创意，帮助了汇源在品牌竞争中占领了有利的"阵地"。

汇源为了使品牌焕发出新的活力，成功地推出一种全新的饮料种类——奇异王果，这种新的饮品使得汇源这个饮品界的龙头老大为饮料界开拓出了一个新的市场。

汇源作为中国果汁行业的第一品牌，一直都承担着培育未来市场的责任。此次，汇源在传统口味的橙、苹果、葡萄等水果品种之外，又开发了奇异王果猕猴桃汁饮料，并且选择启用了《士兵突击》中一举成名的士兵"许三多"的扮演者王宝强作为代言人，大胆喊出"做自己的王"这个品牌主张，在饮料界走出了一条另类的定位之路。在竞争激烈的饮品市场，汇源总是将产品的品质放在第一位，充分替消费者考虑，最终赢得消费者的关注；而在以橙汁为主的果饮市场，汇源又推出市场差异化产品"奇异王果"。

汇源果汁集团于2007年10月正式推出国内首款超级营养的饮品——"奇异王果"后，立刻迅速引起了媒体、整个行业、经销商和消费者的极大关注。

近年来，果汁饮品市场面临了巨大的挑战，而各饮料业界的巨头纷纷推出以橙汁口味为主的饮品，占据了近80%的市场份额，可以说围绕橙汁的竞争已经是一片"红海"。

虽然，汇源在橙汁上的竞争优势明显，品牌具有很好的口碑，汇源100%果汁更是消费者认可的著名的饮品种类，但是汇源果汁的新市场、新的出路在什么方向，如何进一步扩大市场份额，开辟新的市场？

汇源"奇异王果"产品闪亮上市，从而为果汁行业开辟了一个全新的"蓝海"。

汇源对"奇异王果"的定位在其丰富的营养，奇异果中的VC含量是普通水果如橙子、苹果的几倍到十几倍，还富含很多其他营养元素，因此奇异果向来以健康水果著称，这就是"超级水果饮料"的"超级"所在。这样的定位促成了果汁饮料从即饮解渴到营养健康的功能变革，符合消费者对饮用果汁补充营养的新需求，也符合现代人追求品质生活、健康生活的要求，可以预见这个新型市场的空间非常巨大。

此次汇源品牌的创新还体现在产品概念的创新上，为了推广"奇异王果"这个新型的饮品品种，汇源不仅在传统媒体中进行广告宣传，还开展了网络的推广活动，以期达到抢占"超级水果饮料"这一全新品牌概念的目的。

同时，此次汇源的广告创意采取了弃美女而选"许三多"的差异化代言人策略，也最大化地传播了"奇异王果"的独特定位和丰富内涵。

汇源为了体现出此次"奇异王果"的独特性，在进行宣传推广的时候还注意与母品牌保持一定的差异性。"奇异王果"主要需要体现出其时尚、高端、年轻的个性特点，在突出品牌之间区别的同时还更好地体现了与母品牌之间的共性，也同时以品牌形象的创新实现了一定的区分，这样的差异与共性也是品牌创新中比较值得推荐的一个创意点。

通常果汁品牌进行创新并不是一件容易的事情，但这次汇源的"奇异王果"以其独到的理性定位与感性诉求的巧妙结合实现了品牌形象的创新，另外"许三多"所宣扬的"三多"广告语——"VC多、健康多、快乐多"，理性上强化了果汁补充维生素C的功能，使消费者了解到这款果汁会给自己带来健康。同时，汇源还在感性上强化了消费者的快乐情感体验。

"奇异王果"通过"许三多"大声喊出了代言品牌的主张——"做自己的王"。这个口号既有益于突出品牌形象的差异化，也高度吻合了年轻时尚人群的精神追求。另外，把宣传口号定位为"王者"，原因之一也是因为奇异果有着"VC之王"和"水果之王"的称号。

（摘自《奇异王果：创新源于王者的勇气》）

汇源果汁这次放弃了果汁品牌常常采用的美女代言人的路线，而选用了年度热播剧中男主角许三多的扮演者，这招使汇源出奇制胜，消费者通过许三多了解到"奇异王果"的内在本质——内涵丰富、功能强大、回报实在、坚持品质。而许三多形象坚持自我、超越自我、持续追求成为强者的精神，也都与"奇异王果"目标消费者的价值观相契合。

汇源果汁借助了该年度的"许三多"热，助力"奇异王果"迅速打响品牌的知名度，快速赢得了消费者的喜爱。汇源采取了通过传统媒体与网络营销同步进行的策略，使得"奇异王果"在正式上市之前，就抢占了消费者心目中"超级水果饮料"这一品牌位置，这样不仅仅为"奇异王果"树立了领导者的地位，也为竞争对手设置了高门槛。

汇源果汁作为行业的引领者，一直致力于倡导健康生活的理念，将提高国民身体素质和推动中国果汁市场的整体发展作为重要的任务。汇源将"奇异王果"概念引入水果饮料市场，将果汁饮料市场进一步细分，首先占领高端品类，并且将"喝果汁补充VC"全新消费观念逐步灌输给消费者，引发了果汁消费领域新的时尚潮流。

汇源果汁的差异化创新主要表现在以下两方面：

（1）全新运作，实现组织及渠道创新

近年来企业创新的关键领域就在于营销体系中组织与渠道的变革。而企业的市场战略思路除了要靠有执行能力的人来将一切真正落到实处之外，还要在很大程度上依赖营销组织和渠道上的创新。

在传统的饮品行业中，一个企业的品牌之下往往拥有很多品类，这些品类都共享企业的营销网络和经验资源。汇源果汁也同样拥有一个品类丰富的产品体系，例如其包含100%果汁、高中浓度果汁、低浓度果汁、果蔬汁、儿童饮料等多个单品，这些品类在"奇异王果"出现之前全部由同一营销网络操作，大部分行政区域也交由同一经销商操作。这种整齐划一的操作方式比较节省营销成本，但是在新品推出上却往往会显得力度不足，而且在新产品上市初期市场也容易渗透不到位。

因此，在此次"奇异王果"的营销过程中，汇源果汁采取了全新的运作方式。汇源果汁为了这个项目专门建立了完善的项目部门，将整个营销组织架构进行了重新组合，并且加大了对渠道的创新力度。

"奇异王果"一方面借助汇源果汁这个母品牌先天的资源优势，迅速向全国的市场进军，同时"奇异王果"的项目部，全面展开了研发、生产、销售、推广等工作的协调与推动，通过这些专门的项目部进行扁平化管理，从营销组织上确保了高效服务于经销商以及销售终端，尽量将总部营销策略进行最快速的转化。

汇源果汁这次在"奇异王果"项目在渠道与营销体系上进行大胆的重

组,这在汇源以及行业发展史上都十分罕见。汇源在组织与渠道上的针对性的创新实现了"奇异王果"的成功,而这个成功的案例也将激起这个饮料行业新的营销组织与渠道变革的大潮。

(2)市场培育创新,将竞争引入新的级别

中国市场已经迎来了新的竞争时代,这个时代的特点就是品牌和速度的竞争,也是考验企业创新精神,因此,作为一个行业的领导者,就要有明确的战略创新意识,并且具有整个行业性的开拓意识。

"奇异王果"是汇源果汁作为行业领导者的一次战略性创新,也是汇源果汁以行业领导者的姿态进行的果汁行业新的市场培育。

7. 坚持以用户为中心的原则

2009年春节,"可口可乐"深入地了解到消费者走过不平凡的2008年迎接2009年的情感交界,抓准了消费者微妙的心态,倡导可口可乐积极乐观的品牌理念,推出"新年第一瓶可口可乐,你想与谁分享?"这个新年期间的整合营销概念,鼓励人们跨越过去,冀望未来,以感恩与分享的情愫,营造了2009年新年伊始的温情。

为了使此次的"新年第一瓶可口可乐"分享活动全面引发消费者情感共鸣,可口可乐公司除特别邀请刘翔父子加盟温情洋溢的励志广告片外,还在线上推出"新年第一瓶可口可乐,你想与谁分享?"的网络故事征集活动。以社交网站、视频分享平台为载体，激发人们说出自己的内心故事，把"新年第一瓶可口可乐"通过网络分享给他人，以此达到活动的高潮，满足了消费者内心感情的分享诉求，从而与可口可乐希望鼓励人们跨越过去、寄望未来的活动主题达成共鸣。

另外，可口可乐还利用智能手机彩信进行品牌宣传，除了使用在年节时最广为应用的短信拜年方式，可口可乐还向iCoke会员发出"新年第一瓶可口可乐"特有的新年祝福短信，智能手机的使用者收到电子贺卡时，只要将手机的摄像头对准屏幕上的贺卡，就能看见一瓶三维立体的可口可乐与环绕的"新年第一瓶可口可乐，我想与你分享"的动态画面浮现在屏幕上，而且还同时伴随着活动主题音乐。这项新技术的大胆运用使得年轻消费者享受到了与众不同的超前品牌体验。

自活动开始，参与人数就随着时间呈几何倍数增长。超过500万名用户上传了自己的分享故事及照片，超过300万名SNS用户安装了订制的API参与分享活动，近200万名用户向自己心目中想分享的朋友发送了新年分享贺卡。

论坛、视频网站和博客上，一时间充满"新年第一瓶可口可乐"的分享故事。（引述自《可口可乐网络营销分析》）

除了惊人的数字外，消费者故事的感人程度、与照片视频制作的精致程度，均显示了该活动所创造的影响力及口碑，也证明了可口可乐在消费者情感诉求与网络趋势掌握方面的精准度。此次可口可乐营销成功，主要有以下几方面原因：

（1）精准定位目标客户

可口可乐的该次营销目标人群是16~24岁的中国年轻人，他们多是高中生、大学生及年轻上班族，他们是碳酸饮料的主要消费者，同时是使用网络最多的人群，他们乐于接受新鲜事物并愿意和朋友分享他们的体验。

针对目标客户的这些特点，可口可乐公司策划并成功地执行了此次的可口可乐新年分享活动。

（2）选择适当的合作媒体

有了好的活动创意，还要选择适当的合作媒体。可口可乐利用社交网络，与QQ、校内网等优秀网络媒体进行合作，利用话题和API组件，让"新年第一瓶可口可乐"的分享，深入到每个用户的空间中，并且在年轻用户的交流中得到广泛转发。

同时，可口可乐还将活动视频在视频网站中进行投放，与Youku、Ku6合作。在制造话题的同时，利用自身媒体平台资源，拍摄了一批高质量的种子视频，培养教育年轻用户，让其通过真实的故事理解"新年第一瓶可口可乐"的含义以及分享的特殊意义。活动期间恰逢春节，在视频网站上掀起了一股"分享"视频上传热。

（3）发挥品牌与媒体的综合力量

此次活动充分整合了目前国内年轻人热衷的大部分网络资源：社交网站、视频网站以及手机客户端。利用这些途径，让数以万计的消费者了解了"新年第一瓶可口可乐"的特殊含义，积极参加分享活动，分享自己的故事、自己想说的话。

可口可乐此次活动中做了一件非常成功的事情——把话题引申到一种情

感的营销，将营销与中国的文化充分融合，取得了非常不错的效果。

8. 一次独辟蹊径的宣传

谈到汽车的营销，大家常想到的一定是"烽烟滚滚"的极限运动营销，或者香车配美女的车展等活动营销。但是，甲壳虫就进行了一次独辟蹊径的宣传，发起了"大众汽车新甲壳虫城市律动，我的MV创作大赛"，实现汽车与音乐的跨界交融，开启汽车界音乐营销先河。对于甲壳虫来讲这是一个再好不过的切入点，可以以此直接深入目标客户群。

在进行营销合作的时候，找营销伙伴就像交朋友，需要气质相投。在选择合作伙伴时，可以跨界，可以另类，但是经典的合作必定是达到了"神似"的高境界。此次酷我音乐盒与甲壳虫的合作就存在着这么一种"貌离神合"的营销内涵。

一提到汽车，很多人想到的是"动力""操控"等一系列动感十足的词汇，但是如果你是一个足够浪漫的人，你还会想到一个词，那就是音乐。似乎从有了汽车之日起，汽车和音乐就结下了不解之缘。可见，音乐和汽车之间有着微妙而紧密的联系。

因此，在汽车的营销世界里，音乐总是如影随形，但是能达到两者在参与、体验、操作这方面相结合的案例还是少之又少。因为这不仅对汽车本身品牌的要求非常苛刻，同时也对媒体的要求极高。

第三章　把握移动终端，实现强势跨界

大众甲壳虫的传承一直体现着德国人特有的"顽固"。在它的广告语中，最经典的一句就是"我们将保持这个外形，直至最后"。也正是这种具有特立独行的顽固个性，成就了其遍布全球几百万名的拥护者。波尔舍设计的甲壳虫已经不仅仅是一部车，更是一种极具个性的生活态度和方式，被评为最具世界影响力的"20世纪汽车"之一。

如今，世界各地仍旧有几百万辆甲壳虫汽车行驶在路上，几十年来甲壳虫的所有车型几乎都有。它们的主人，年龄几乎在20～35岁之间，拥有很高的审美能力，追求不同寻常的生活轨迹，崇尚时尚、享受生活，享受开着甲壳虫出行吸引来的目光。

当大众新甲壳虫登陆国内市场时，再度成为汽车界以及时尚界的热点话题。同时为了激发更多时尚人群的关注，并引爆甲壳虫粉丝的热情，大众启动了名为"Sound of the city"的大众汽车新甲壳虫城市律动，我的MV创作大赛。参与者可以通过自创MV比赛获得去艺术气息浓厚的意大利，以及甲壳虫的故乡德国旅行的机会。

对于这款本身就足够精灵古怪又历久弥新的车型来说，不论使用怎样新奇的招数来吸引关注，都不会显得突兀。但是对于这款已经成为时尚标签的车型来说，找对人群才是最关键的所在。

这样一个非常有文化和历史底蕴的汽车品牌，在选择与一个音乐媒体进行合作的时候，考虑的必定是一个同样拥有铁杆粉丝的特立独行的合作伙伴。而酷我音乐盒恰恰在形式和用户群体特质上与甲壳虫完全吻合。

跨界营销实战

酷我音乐盒的用户群，19～35岁的主力用户占到所有用户的64.05%，超过七成用户接受过高等教育，其中50%以上的受众拥有大学本科及以上学历，主要从事创造性行业，在工作和生活领域都有极为活跃的圈子，大部分人拥有独特的主张，追求自我的信仰，注重个人情感，同时勇于表达和表现自我。这是一个在目前国内网络音乐中非常少有的有个性、有态度、有品位，庞大而集中的音乐群体。

同时，酷我音乐盒自创办以来，就一直以用户体验为核心产品内容，不断推出用户参与音乐、分享音乐的互动平台，让这群极具活力的年轻人有参与和分享的空间，也正因如此，酷我音乐盒成为了优质、并具有极强互动特质的音乐网站。

酷我音乐盒和甲壳虫具有相近的品牌特质和风格特征，使得这次的合作在进行之前就有非常扎实的基础。而作为酷我音乐媒体，要如何为大众甲壳虫这样"潮"的客户制定这场音乐之旅呢？

运用单一化网络广告，或者是直白的品牌宣传都不是甲壳虫希望的效果，对于享誉全球的甲壳虫来说，这次的MV大赛更多需要体现这个品牌的时尚感、旅途舒适感、操作感、互动感，而酷我音乐盒在这几个方面都表现出非常强的优势。

从大众新甲壳虫这项活动的启动之日起，酷我音乐盒已经在换肤、社区、活动、广告条多个位置出现新甲壳虫"Sound of the city"活动信息。从用户实际使用操作最多的环节入手，通过用户庞大的浏览和操作数量，增加这个活动的关注度。例如换肤这个环节，在用户选择换新甲壳虫皮肤之后，不仅皮肤上的新甲壳虫可以不断变换色

第三章 把握移动终端，实现强势跨界

彩，鼠标移动到上面点击后，就可以进入到活动的相关界面。在酷我音乐盒的新甲壳虫专区，通过社区的形式聚集大量喜欢新甲壳虫和音乐的目标受众，通过主动地发布新甲壳虫"Sound of the city"的活动信息，号召用户参与活动并形成讨论。通过形成意见领袖的方式，带动整个新甲壳虫社区的热度。同时在酷我音乐盒的活动专区也会出现"风格天成，律动传城"的宣传条，吸引用户点击进入新甲壳虫律动传城的专属页面。

这种关注只是营销的第一步，接下来就是酷我音乐盒的"杀手锏"——创意制作MV。由于酷我音乐盒为用户提供了在线制作MV的功能，只要是注册用户，应用酷我MV制作20秒的音乐作品，既可以是翻唱歌曲，也可以是自己原创，不论是深情演绎还是作怪搞笑，只需在歌词中提及你的家乡或者一个你生活过的城市，在线上传，便可以参与大赛。通过酷我音乐盒乐迷在线投票评选，最终选出得票数最多的前十位参与者，可获得意大利、德国浪漫旅行的机会。同时还有40份参与奖，赢得甲壳虫的限量车模或纪念T恤，更有可能参与最终的甲壳虫MV盛大聚会，与众多明星一起狂欢。仅仅是20秒的自创MV上传，就已经完全体现出酷我音乐盒强大的音乐产品力量。

大众甲壳虫，这个名震四方的品牌本身并不需要过多的宣传，它的营销重点就是一种品牌的强化、用户凝聚力的增强以及追捧者的膜拜。（摘自《甲壳虫：创汽车音乐营销先河》）

此次新甲壳虫上市，以这种带着自由和浪漫的音乐形式作为营销手段，是非常符合其品牌品味的。

而作为国内的网络音乐媒体，酷我音乐盒与甲壳虫的合作，超越了其他网络音乐媒体单一化的广告式营销模式，通过运用音乐产品作为工具，达到为合作品牌进行深度宣传的目的。借助合作伙伴的力量，打造自己的品牌，这就是非常明智的"借力打力"的做法，形成"双赢"的效果。

曾经有人说，不知道是汽车承载了音乐的飞扬，还是音乐成就了汽车的奔放。其实这并不只适用于汽车与音乐的关系，它也隐含着营销中"双赢"的最高境界。

9. 跨界营销提高品牌知名度

2005年农夫山泉推出了新型产品——农夫茶。农夫山泉希望可以将中国古代的茶文化与农夫茶相结合，于是请来当时热播剧《大长今》的主演李英爱作为形象代言人，所拍摄的广告突出了农夫茶的优雅气质。农夫茶的这则广告广受好评，但是农夫茶的市场销售效果并不理想。农夫山泉通过市场调查及时调整了宣传策略，于2006年与腾讯QQ开始合作，进行农夫茶的宣传与推广。

2006年养生堂旗下的农夫山泉公司，通过一系列的明星代言大张旗鼓地推出新品——农夫茶。通过传统营销推广后，农夫茶渐渐在茶饮料市场占据了一席之地，但农夫系列产品并没有通过这种优雅路线的宣传打动其品牌主要面对的时尚新潮的年轻人。因此，如何更好地提高品牌知名度，更好地切入最根本的消费群体，成为农夫茶在一段时间推广后营销的重点与难点。

在经过一定的市场调查之后，2007年农夫茶选择了QQ空间作为提升品牌、接触目标客户的媒介。QQ空间作为网络营销中具备互动性的平台，可谓IM营销的上佳选择。农夫山泉看中的也正是QQ用户与农夫茶消费群的契合，以及QQ特有的在线生活平台模式。

农夫茶以青少年群体共有的特性为切入点——渴望守护或者编织自己的爱情故事。对于这个群体来讲，爱情仿佛是他们永恒的话题，也是一种潜在的营销动力。腾讯的统计数据表明，有70%的QQ博客主题都与爱情有关，于是，农夫茶决定策划以爱情为主题的营销活动，上演浪漫满屋式的网络爱情故事。

农夫茶首先开设了主题官方空间，作为整个营销活动的基地，之后立即开展了"梦幻爱情show博客"活动，鼓励数千万QQ空间用户通过这个活动与大家共同分享自己的心动故事、暗恋经历、爱情观点。作为活动的先锋，此次博客活动也同时受到千万用户的关注，在QQ空间、QQ消息、腾讯网以及QQ机器人的全方位推广下，实现了活动全方位的持续火热。

在这个农夫茶的主题空间中，用户可以参与其中发表看法和意见。如农夫茶的"梦幻爱情show博客"活动，每个用户都可以为自己心目中的浪漫博文投票，这大大加强了企业与目标群体的互动性。每一个参与者都在其QQ空间中获得"农夫茶挂件"一个，高挂在空间首页，作为参赛身份的标志，这样带动了数十万人参与此项活动，并由此带动了上千万农夫茶品牌受众，成就了一次具有连锁效应的品牌传播。随着"梦幻爱情show博客"活动积累越来越多的人气以及关注度，"农夫茶梦幻爱情世界"揭开了这次大型活动的神秘面纱。

结合农夫茶希望带给消费者"梦幻爱情"的品牌诉求，腾讯公司为此次活动专门设计了制作精良的"虚拟梦幻爱情国度"大型虚拟世界。该虚拟空间综合运用视频、音乐、Flash、在线互动等多种技术手段，凸显农夫茶独具魅力的每个产品，QQ空间用户在"国度"里都可以拥有一个自己的爱情树苗。在农夫茶主题网上的生活乐园里，用户可以尽情地访问形形色色的QQ空间，体验网络爱情生活带来的不同感受。

而此次活动更为精彩的是，在这个梦幻爱情国度中，腾讯空间特别设计了根据农夫茶口味命名的"清新柠檬岛""鲜醇绿茶岛""幽香茉莉岛"三个爱情岛，参与者可根据自己的爱情观选择入住这三个爱情岛并成为岛上的居民。所有参与梦幻爱情国度活动的用户，都会获得一个专属自己的"爱情精灵树苗"。随着用户参与活动的深入，用户可以累计更多的爱情积分，用户的爱情精灵树苗也会逐渐成长、开花、结果，生成爱情精灵。最后这个在用户精心培育下诞生的爱情精灵将会带着用户进入甜蜜王国——梦幻爱情城堡！

在活动中，用户如果要浇灌空间中的"爱情精灵树苗"就需要购买茶饮料，用饮料包装上的条形码兑换积分。很多用户还将这一活动推荐给自己的网友，很少有人拒绝参加这样一个非常有趣并且符合大众游戏心理的活动。正是如此，数百万人就在这样精良的产品包装下，体验到

了农夫茶所要表达的浪漫情怀。（摘自《农夫山泉营销案例分析》）

农夫茶与QQ联合推出的一系列网络营销活动中有超过21万次的积分兑换行为，甚至有用户在自己的空间中自爆购买500箱茶的"事迹"。此次活动成功提高了农夫茶在受众中的知名度，也大大提高了农夫茶的销售，扩大了农夫茶的市场占有量，也是腾讯QQ 2007年最成功的合作案例。农夫山泉与腾讯合作的成功之处主要表现在以下几方面：

（1）选择适当切入点与品牌定位结合

此次活动成功的重要之处在于企业成功地把握了消费者的心理，找到了"爱情"这样的切入点，并且与企业的品牌定位相结合，因此活动获得了非常好的宣传效果。

（2）积极与网友进行互动交流

企业在进行活动过程中还非常重视与受众的互动交流，充分利用了QQ这个互动平台，鼓励消费者去做、去感受，并且将感受分享给朋友，增强了消费者对农夫茶的品牌认可。

（3）进行强有力的技术支持，保证活动的效果

充满创意的受众，庞大、制作精良的空间运营，使得农夫茶在短时间内以小投入获得了将品牌和产品成功推向市场的机会，并将品牌与浪漫爱情紧密关联。最终活动页面浏览人次超过9000万，参与活动的游戏人次超过800万。

第四章

微博营销，
跨界营销新通道

微博的出现，迅速引发了一场关于微博营销的热浪。微博，每条微博看似只有140个字的容量，但却威力无穷，可以传达丰富的信息给更广阔的受众群体，实现信息界的蝴蝶效应。如何在微博这个新型的平台上进行营销，成为很多企业考虑的问题。

第四章 微博营销，跨界营销新通道

1. 微博营销的6大法则

不管你对微博持一种什么态度，它却实实在在地进入了我们的生活，并以迅雷不及掩耳之势渗入我们生活的方方面面。这让诸多商家嗅到了商机，他们利用微博来推广自己的产品，以此来提升品牌形象，赢得更多用户。从这个角度来看，微博营销的前景广阔。

微博营销不管对商家还是网友，都有着十分重大的意义。

（1）对商家来说，微博营销成为"新大陆"

很多刚刚开通微博的用户发现，自己的微博开通时间没多久，就会成为不少商家关注的对象。根据DCCI互联网数据中心的预测，中国的微博用户数量在2020年第一季度达到5.5亿。

由于微博的营销成本很低，很多商家嗅到了这个商机，纷纷开通企业微博号，利用微博平台推广自己的品牌，而微博也成为不少企业进行营销的新方式。

在新浪微博注册并通过资质审核的企业早已超过10万家，诸如娃哈哈、宜家、星巴克、香奈尔等知名企业正在通过微博来推广自己的产品，宣传企业的品牌。对商家来说，微博营销已经成为"新大陆"。

（2）对网友来说，微博营销新鲜有趣

对于广大微博用户来说，微博营销是一种全新的体验。

跨界 营销实战

网友"小孟"在微博上发了这样一段话："我从小喜欢喝茶，尤其是普洱茶。我常常晚上独自坐在书房里，喝上一杯普洱，闻着淡淡的茶香读书写作。"这段话刚刚发出去不到10分钟，一位卖普洱茶的淘宝商家就通过微博向小孟推荐了自己的网店。

这让小孟十分惊叹，他说："这简直太神奇了，好像我张口要什么，就会有什么。微博的传播速度真是太惊人了。"

通过微博，商家能在第一时间找到自己的目标用户，然后即时与他们联系，向他们推广自己的产品。商家可以通过微博建立起与消费者之间的关系，并借助微博来聚合消费者和进行消费引导。消费者则由于对微博营销这种方式十分感兴趣，自然会积极配合与商家互动。

据调查显示，大约有72%的微博用户会关注微博中的商业广告，将近25%的用户会关注10个以上的官方微博账号。

由于微博具有碎片化、无中心的传播特征，积累了高度活跃的人气，在微博这个平台上，企业可以发布热门话题，表达自己的态度和观点，并策划一系列的线上和线下活动，树立正面的企业形象，提升企业的知名度和品牌价值。

由于网络环境及微博的一些特质，企业微博营销还需要注意六大法则：

（1）好事不出门，坏事传千里

2010年4月5日，肯德基推出"超值星期二特别秒杀优惠券"活动。秒杀活动共分为三轮，在4月6日10时、14时、16时分别进行三轮秒杀，最受欢迎的32元半价全家桶在最后一轮。

第一轮正常进行，但在进入第二轮的时候，肯德基却因"出现造假电子优惠券"而暂停活动。针对第二、三轮优惠活动暂停一事，肯德基没有给出正面回应，却在官网上于3时54分发表了《肯德基优惠网"秒杀"活动声明》，称"个别网站上已出现后两轮秒杀活动假电子优惠券，为此肯德基临时决定停止第二轮、第三轮秒杀活动"。

这一事件在微博中引起了广泛关注，第一条与此有关的微博出现在4月5日19:30，一位用户贴出优惠券图片，随后陆续有几人转发，到第二天14点之前有几条微博表示"去吃了，真便宜"。而14点之后肯德基突然宣布停止此次活动，剩下的1100余条微博几乎都是在传播此事并加以调侃。（摘自《肯德基秒杀门公关案例分析》）

这就是"肯德基秒杀门"事件，这一事件在微博上的传播，给肯德基带来了不小的压力。据GE公司的研究表明：对于好消息，一个人知道后平均会告诉他身边的6个人，而坏消息平均来说会被传播给身边23个人。

（2）根据客户群，设置议题

微博的功能是建设企业形象、推广产品线还是促销活动，这需要根据定位来确定目标受众群体，再投其所好谈论他们喜欢的话题，拉近距离。

（3）与舆论领袖和名人交好

舆论领袖在传播中起到非常重要的作用，很多企业微博都是通过沾舆论领袖的光来吸引粉丝的。与舆论领袖以及名人博客的合作，可以让你的微博迅速获得大量关注；相反，如果得罪了某位舆论领袖，你的企业品牌及产品很有可能会遭到大众的谩骂。

（4）信息即广告

传统媒体的价值链大致由以下几部分构成：信息—内容—广告—商品—消费。但是，在微博的价值链中，这个链条被大幅缩短或替代。有的公司发出的内容就是广告，又或者信息本身可以直接引导消费。

（5）不要迷信"黄金四小时"

网络的出现，曾经让突发事件的危机公关"黄金二十四小时"变成了"黄金四小时"。而微博出现之后，彻底打破了固定时间的规律。因为当信息过剩的时候，骂声无法止于道歉，而是止于下一个倒霉蛋的出现。

（6）少数人的意见不能忽视

在微博上，"表达""倾听"和"传播"已经具备了同等的地位，即使是少数人的观点也依然可以相对独立地存在。有趣的是，少数人一旦具备某些流行因素，还可能从少数瞬间变成多数。

要做好企业的微博营销，就必须结合这六大法则，认真分析问题，找到解决问题的根源。

2. 微博推广也需要人脉

微博看上去没有什么奇特之处，每条微博仅仅有140个字的容量，但千万不要小看了它，小小的微博背后可蕴藏着大资源。

所谓的资源，更主要的是指人脉资源，有了人脉资源，才会有商业机会，有了商业机会，才有可能赚到钱。

一般来说，普通人玩微博分为三个阶段：第一个阶段是互粉阶段，多关注别人以求得别人的关注，以此来获得一定量的粉丝；第二个阶段是有了一定数量的粉丝后，通过发送能引起大众共鸣的信息来积累自己微博的影响力；第三个阶段则以原创为主，分享自己的经验来增加粉丝量。但是，如果想求得有质量的粉丝，就不要讲一些无关痛痒的话，诸如吃什么饭、到哪玩儿之类，这类内容即使吸引了大量粉丝，粉丝的质量也不会高。

在微博上积累人脉资源的时候，要多少用点儿技巧。比如史玉柱的微博，表面上讲的是生活，实际上都是工作，这样无形中形象变得"高大"起来，大量粉丝自然会蜂拥而来。

可见，微博不但是一个营销产品的平台，同时也是一个积累人脉关系的平台。博主在现实生活中的人脉若比较广或知名度较高，在初期粉丝的增长速度会非常明显，只要你的朋友注册且关注了你的微博账号，就会成为你的粉丝，这一点在名人身上体现得淋漓尽致。在新浪微博的影响力排行榜之中，我们可以看到，影响力和人气排名在前的都是业界名人，在日常生活当中都是有着很高的知名度的。

所以，现实生活当中的知名度和人脉资源会有利地推动你的微博粉丝数量的增长。作为企业微博，企业本身就有一定的知名度，因此，当企业注册微博之后，需要在所有可能的地方向其用户告知企业的官方微博，比如网站首页、广告媒体等，在其公司的联系方式一栏可以增加微博地址，利用所有手段让尽可能多的用户知道企业的官方微博。

同时，企业高管往往会在业界享有较高的知名度，可以通过关联账号表明两者的关系，利用高管的知名度增加企业微博的粉丝数量。

除此之外，微博团队运营人员的人脉对企业进行微博营销的效果也起着非常重要的作用。

在2012年8月份的电商大战中，由京东商城CEO刘强东的一条微博引起的价格战不断升级，引爆电商行业的"诸侯"混战。电商混战到最后，我们不去评论谁是最大的赢家，事实是每个参与者都得到了好处，其网站的访问量都得到了提升。而作为两个主要参战方，京东商城和苏宁易购分别以其高管的微博作为主战场，进行气势凶猛的价格战。而这背后，并不仅仅是这两个企业高管的"微博约架"，还是两个以媒体人为首的人脉网的较量。

根据《南方周末》2012年8月17日的一篇报道，京东商城的微博策划者为NTA创新传播机构，其创始人为《创业家》的执行总编申音。百度一下《创业家》杂志，你就可以知道，这是一本在互联网行业享有广泛知名度的一本杂志，受众群体定位在40岁以下的新一代创业家和年营业收入规模在5000万元~20亿元人民币以上的成长型企业。而在《创业家》之前，申音还担任过《中国企业家》杂志主编助理。另外，他还担任过包括新浪、创新工场、百度、易观在内的诸多互联网企业的峰会、论坛的主持人或主讲人。因此，申音在互联网企业圈内积聚了广泛的人脉网。

而另一方，苏宁易购后面也有一个以媒体人为首的微博运营团队。服务苏宁易购的微博营销团队来自海唐公关公司，其创始人也曾是一个媒体人——《京华时报》前经济部主任段志敏。其在京华时报期间，在财经与产经界人脉非常广阔，尤其在家电领域，与当时的张近东、黄光裕、张大中、黄宏生、李东生、李兴浩等众多家电大鳄关系颇佳，2009

年初时在互联网圈内就颇具知名度。（摘自《京东商城在"电商价格战"中的微博营销研究》）

两个微博运营团队的创始人都出身媒体，深谙媒体之道，在业界又有广阔的人脉。这便能解释为什么一场本在市场竞争中司空见惯的"微博叫板"，最终演化成在新浪微博平台上繁衍出6000万条话题的营销事件。

因此，对于企业而言，微博营销绝不仅仅是一个微博专员的事，特别是企业在利用微博策划大型营销活动、想吸引更多用户参与时，应充分发挥微博团队成员的作用，利用他们的人脉网广而告之。由此而衍生出来的信息量定如一颗原子弹的威力，波及范围非常广。

其实，通过微博来建立人脉关系和在现实中结交朋友一样，只有付出真诚，才能收获真诚。所不同的是，微博由于其传播范围广、传播速度快，能够让你在短时间内结交更多的朋友。很多时候，你的这些微博中的好友能为你带来很多你所需要的资源。

下面是一个真实的案例。

阿东做灯具生意。平时店里生意起伏很大，忙起来忙得要死，闲起来闲得发慌。后来，阿东注册了新浪微博。他注册微博的目的纯属为了好玩儿，没有想太多的事情，更不会想到通过微博来得到些什么。

每天，阿东都转发大量有意思的灯具图片，吸引了大量粉丝关注。两个月后，阿东的微博粉丝就达到了5万多个。每天趁休息的时间，他除了发微博，还喜欢浏览各个粉丝的微博，并时常发表一些评论。他经常针对某条微博和粉丝展开讨论，因此在微博上结识了不少志趣相投的朋友。

有一次，他突然收到一条私信，对方在私信中说想从他那里批量订购一种灯，并留下了自己的联系方式。阿东打过电话，对方说是他微博的粉丝，自己公司的一幢楼需要装修，想买一批灯管。两个人在电话中聊了很久，最后对方决定从他这先订购两个灯管试试。

通过微博上的互动，阿东居然成功谈成了一大笔生意。

在这里需要提醒大家的是，通过微博拓展自己的资源时，要注意使用一些技巧。下面，我们就介绍几个常用的小技巧。

（1）擅长抓住热点话题

只要留心观察你就会发现，几乎每天社会上都有热点事件发生。要善于抓住这些热点话题，通过微博转达自己的看法或观点。很多热点事件都是新闻媒体及大众关注的，当他们从你的微博中发现你捕捉热点的能力后，有可能会关注你，这或许会为你带来商机。

（2）学会在微博上"写论语"

许多看过《论语》的朋友会发现，很多经典语录都少于140个字。因此，一些微博达人把发布博文称为"写论语"。大家都知道，《论语》虽然单独的篇幅不长，但大多蕴含着丰富的哲理。多发一些这样的微博，能让网友既耐心阅读，又在无形之中增强了自己的写作能力。

（3）不定时做产品推广

在发帖的时候，要注意几条。比如，要追求转发量，转发越多传播范围就越广。还要注意适时发布，有几个时间段很重要的，如在早上7点左右、下班前1小时、下班后两个小时左右发布微博最好。

（4）博客微博齐上阵

做微博的同时有博客更好。微博虽然功能强大，但不能讲得很详细，结合博客、自己的网店、微博，用微博做公关，就是抓热点、写"论语"、做推广。微博的定位很重要，这种定位的简单解释是，你的粉丝只关心与自己有关的信息，这主要有两类：一类是公众话题，另一类是个人专业兴趣爱好。

总之，通过微博，你能迅速聚集自己的人脉资源，而人脉往往又是最重要的资源。从这个意义上讲，小小的微博背后确实蕴藏着很多资源。

3. 微博加"粉"有技巧

一个微博的经济价值很大一部分体现在粉丝的数量上，那些粉丝数量多的微博，除了传播范围更广之外，其营销价值也越高。

想要增加自己的粉丝，就要设法让更多的人关注你、"粉"你。所以，建立个人微博账号首先要遵循的原则就是：想方设法努力让别人来访问你。只有大家知道你的存在，才有可能来关注你。

不少企业和有一定知名度的个人都会通过认证的方式来增加粉丝，以此来完成对自己品牌的宣传和推广。微博加粉丝的方式有很多，下面介绍一些常见的微博加"粉"技巧。

（1）申请加V相当于微博有了身份证

由于微博是一个虚拟空间，很多人未必会用实名注册微博，这就导致了大家对网络的一种不信任感，不知道账号背后隐藏着一个怎样的人。

为了增加人与人之间的信任感,新浪微博推出认证服务。认证不管对于机构还是个人,都是一种加强粉丝间信任的重要凭证。拿新浪微博来说,一般对四种人群给予认证:第一种是有一定知名度的演艺界、体育界、文艺界人士,这类人往往有大量的粉丝;第二种是在某个行业有一定知名度和影响力的人,这类人往往被人们称为专家;第三种是知名企业、机构或媒体的管理人员;第四类是比较重要的新闻当事人。

在以前,很多事件的传播平台就是报纸,但报纸时效性差,实名认证的官方微博兼具了报纸的可靠性和网络的即时性,因此更加受人青睐。

(2) 优化你的标签

很多人都热衷于增加粉丝,其实做到这一点并不难,最重要的是你要对此有一个清晰的认识:明确你如何发送微博信息,你想要表达什么内容;另外,你要善于使用微博提供的标签服务。

标签相当于一个人身份的注释,如何加标签也是有讲究的。一般来说,标签的作用有两个:第一,能够为微博的博主身份做详细的描述,使得他人进入你的页面时知道你是哪个行业的人、有什么特点或特质,便于他人决定是否关注你;第二,别人在搜索的时候,你的标签会在搜索的列表中出现,对这类标签感兴趣的人比较容易找到你,这无疑增加了你被关注的概率。

那么,如何善用你的标签呢?

首先,标签要显示出微博内容的关注点。可以用一些表明你身份或兴趣的标签,如有趣、创意、80后、摄影、设计等,这些标签能体现出你的微博定位,会让你的目标群体更集中。

其次,不要写过于冷门或热门的标签。比如,你的标签是新闻、媒体等,那么别人有可能在搜索的时候,在前几十页甚至上百页都无法找到你。另外，标签过于冷门也不好，几乎没有人会搜索这类标签，那样你的标签也就失去了设定的意义。

虽然标签不能直接决定你的粉丝数量，但经过优化的标签给人的感觉更专业，同时也增加了粉丝关注你的概率。

（3）从身边的朋友开始

微博其实是一个人际关系网，想要增加粉丝，不妨先从你身边的朋友开始。从朋友开始推广微博是一个原始却非常实用的方法。

那么，具体应该如何做呢？

在最初建立微博的时候，往往很少有人来关注你。这个时候你就可以主动向朋友发出邀请，和他们互相关注。要知道，朋友也会有朋友，这样一路关注下来，就会形成一个强大的人脉链条，你的微博关注度也会迅速攀升，粉丝数量也会水涨船高。

另外，如果你的朋友没有微博，你可以向他们介绍微博并设法游说他们开通自己的微博。当他们开通微博并发现其中的乐趣时，自然会在第一时间关注你。

当你与朋友们互相关注后，想要提高你的粉丝质量，就需要不定时地做一些互动。互动不但能提高双方的曝光率，还有助于增加粉丝数量。

（4）在个人媒体上加入微博关注按钮

除了微博之外，我们还有自己的博客、QQ账号等，你可以在这些自媒体平台上加入微博关注信息。

比如，你可以在自己的博客首页加入一个微博链接，直接链接到你的微博账号。这个链接一定要置于显眼的位置，让浏览你博客的人一眼就能发现。另外，如果你在论坛中非常活跃或有自己合作的网站，也可以在签名档中加入微博账号的链接地址,也可以在QQ或MSN的签名上,注明自己的微博地址。这样一来,你的微博就有可能会在短时间内增加很多粉丝。

除了这些常规方法,你还可以把微博推广当成一个广告来看,做一个漂亮的创意文案,只要能立即吸引别人的眼球,进入你的微博,就有可能成为你的粉丝。

(5)善用微博中的管理工具

大多数微博用户可能没注意到,微博上有很多有价值也很实用的管理工具,有效利用这些工具,会让你的微博得到更多的曝光。

在这些工具中,最常用的就是微群。微群是微博中兴趣爱好一致的人组成的讨论组,有点类似于豆瓣小组,不同之处是它的内容是微博而非帖子标题。

对微博用户而言,微群有两个非常重要的作用:第一,微群中的人都有共同的兴趣爱好,这些人更容易成为你微博的关注者,只要你的内容足够好,大家就很容易成为你的粉丝;第二,好多微群人数成千上万,加入微群会在很大程度上增加你的微博的曝光量。

除了微群外,微博上还有很多有意思的应用工具,比如,"粉丝汇"是一个加粉丝的好帮手,"关注查询工具"能帮你管理自己的微博,"互粉查询"是一个管理互粉的工具。

随着微博的不断发展,将来可能会有更多的工具给你带来更新的体验,善于使用这些工具,能够快速增加你的粉丝数量。

(6)懂得分享,善于分享

由于微博是一个开放性平台,在微博上善于分享的人往往会受到更多人的关注和拥护。

在分享之前，先确定你的粉丝类型和内容定位。如果是个人微博，你主要考虑的是个人的兴趣和所从事的职业。比如你是一名出版社的编辑，粉丝多是读者和作者，那你就要在微博上分享一些优秀的书、好看的文章、有意思的图片等。

另外，很多人喜欢收藏有价值的文章，而你的微博无法展示这么多的文字，你可以将文章整理成WORD文档或PPT幻灯片，放在微博中供大家下载。

经常和网友分享一些有用的东西，很多人就会乐于关注你的微博，并成为你的忠实粉丝。

（7）学会适时地奖励粉丝

很多人都喜欢收到奖品，这是人的通性。在微博推广的时候，可以试着让你的粉丝受益，这样能提升粉丝对你的忠诚度。你可以自己设计一些物质或精神上的奖励，在互动的时候赠送给他们。

比如，你的手上有一些优惠券或电影票之类的东西，只要东西的量比较大，足够送给很大一部分粉丝，就可以把这些东西当成奖励。在世界杯期间，"站长大王"蔡文胜曾在微博中送出32部iPhone 4给竞猜正确的人，他的微博在这段时间转发和评论的量都特别大。

因此，当你通过微博活动赠送奖品的时候，本身就是对粉丝的一种鼓励，这种实实在在的好处比漂亮的营销术语都更能打动粉丝的心。

（8）主动要求加粉丝或互粉

新浪微博有一个"求关注"的功能，只要你点击了"求关注"，对方就能收到这方面的需求。如果对方对你的微博产生兴趣，自然会关注你。

在使用"求关注"功能时，应尽量选择一些与你兴趣爱好相同的人，不要试图选择那些超级明星或粉丝量都非常大的人，这些人极有可能因对你不感兴趣而拒绝你。

另外，你可以在微博介绍中注明"互粉"，别人在搜索的时候可以通过标签找到你。

在选择互粉的对象时，尽量不要和关注人数超过300的人互粉，因为这些人由于关注的用户太多、页面刷新得过快，能看到你信息的概率很小，转发你微博的概率也很小。最好和粉丝只有两位数的人互粉，这些人由于关注的人少，很容易就看到你的信息，这会大大提升你微博的关注度和转发率。

其实，在微博中提升关注度、增加粉丝的方法还有很多，以上8种是比较常见的方法。只要你对微博感兴趣，肯下功夫研究，就一定会发现更多更有效的增加粉丝的方法。

4. 主动关注别人，别人才会关注你

我们都希望自己的粉丝能够多一点，因为粉丝的数量决定了一个人在微博上的影响力。然而，作为新手，注册以后，粉丝的数量都是从零开始，那么怎样才能快速地吸引第一批粉丝，进而增加粉丝数量与影响力呢？秘诀就在于交换关注！

大家都知道，人与人之间的交往是相互的，你关心别人，别人自然也会来关心你。在微博的世界中也是如此，作为一个"零粉丝"用户，就像初到一个陌生的环境，你只有去主动关注别人，别人才可能会来关注你。

当然，这里还需要我们对于关注的人进行一下甄别，寻找最合适的人来

关注，以提高我们被关注的概率。下面介绍三种需要关注的人。

首先，就是寻找自己的"亲友团"，即自己的朋友、同学等自己认识的人，与自己的同学、朋友相互关注，有些朋友可能已经有了一定的粉丝数量，利用对方朋友圈的影响，来扩大自己的粉丝数量。

其次，可以找与你爱好、特点相似的人，这类人比较容易与你有相同的话题，才可能会相互关注。

微博的搜索功能，可以直接搜索名字、话题、昵称、标签等来寻找粉丝。

举个例子，如果你喜欢在网上购物，想找一找喜欢购物的人有哪些，那你就可以直接在搜索栏中搜索"网购"两个字，找到那些同样喜欢网购的微博主了。

当然，也可以利用搜索功能找一些自己感兴趣话题的讨论群，加入这些讨论中，找到其中一些与自己兴趣、观点相似的人，进入其微博主页，了解他的一些基本信息并进行关注。

如果被关注的微博主发现你开始关注他，他也会来了解你，阅读你发布的信息和博文，如果他也对你感兴趣，那么就很有可能会成为你的粉丝。

还有一个小方法可以快速地找到关注对象，就是搜索名人、明星或者一些热门的人物。在微博上有一个人气榜，在上面你可以找到你喜欢的名人或者明星，进入他的微博就可以找到与你同样喜欢这位明星的其他粉丝，你们就有可能因为关注同一个对象互相关注。

然后就是去关注那些在微博里很活跃并且喜欢与人交流的人。只有活跃、热爱交流的微博主被关注了，反过来他关注你的可能性才会比较大。这里介绍两个寻找这类活跃微博主的小窍门：

（1）寻找热衷评论和转发的人

在微博上的一些热门话题、热门讨论中，经常会有一些人，非常热衷于主动评论、主动转发。这一类人就是我们所说的在微博上比较活跃的人，你关注他们，他们也会反过来关注你。

（2）对比微博主的粉丝数量和关注数量

在进入到某一位微博主的首页，可以清楚地看到对方的粉丝数量和对方关注的数量。通过二者的数量比较，我们可以得出结论：如果粉丝数量远远低于他关注的数量，那就说明这个人在疯狂地寻求关注。如果我们关注他，那他极有可能反过来关注你，与你互粉。所以，关注这类人有助于你后续扩大粉丝基数。

当然，这些人未必是真心地喜欢你的微博，也可能与你的兴趣并不一样，你也可能并不喜欢他的微博或者他的言论，当你的粉丝达到一定的数量时，你可以随时取消对他们的关注。但是，在吸引粉丝、发展微博的最初阶段，我们还是需要这些粉丝来壮大声势的。粉丝多一点可以让你的微博看上去比较热闹，发表言论后不至于无人喝彩，这样才有利于吸引更多的粉丝。

你要"涨粉"就要活跃一些，规划好合理发微博的频率，对自己的微博做一些"广告宣传"等，才能保持自己微博的粉丝数量稳步增长。比如可以在你的电子邮件签名、个人名片上注明微博地址，让别人认识你的同时，可以方便地找到你的微博。

大部分人在关注一个人的微博之前，都会先浏览他微博的首页，看一下他最新发的博文。所以，在你发展微博粉丝的初期阶段，一定要保持每天都发几条吸引人的微博。这样，你吸引到的第一批粉丝以及每天新来的博友才不会因为新鲜内容太少，而失去兴趣，远离你的微博。一开始，访客可能会不太固定，有一些新来的博主可能会错过查看一些比较好的内容，所以对于那些反响比较好的博文你可以自拟一些新的评论或者转发一次。有时你可能没有什么内容需要发表，这时你可以在微博上多浏览、评论、转发，也可以保持自己微博的人气。比如看看与你相同兴趣的人、你正关注的人都在讨论什么话题，尽量写些类似话题的博文，这样比较容易与他们产生共鸣，进而互粉。对于比较好的话题或者发言你可以进行转发并评论，在评论时，不妨多慷慨地赞美他们的观点。如果你经常评论、夸奖一个人的微博内容，那他一定会反过来注意你、关注你。礼尚往来，在微博上同样适用。

5. 通过新闻事件增加关注度

　　1915年，在国际巴拿马博览会上，各国送展的产品，可谓琳琅满目，美不胜收。可是中国送展的茅台酒，却被挤在一个角落，久久无人问津。中国工作人员心里很不服气，其中一个人眉头一皱，计上心来，便提着一瓶茅台酒，走到展览大厅最热闹的地方，故作不慎地把这瓶茅台酒摔在地上。酒瓶落地，酒洒一地，浓香四溢，招来不少看客。人们被这茅台酒的奇香吸引住了……从此，那些只饮什么"香槟""白兰地"的外国人，知道了中国茅台酒的魅力。这一摔，茅台酒出了名，并被评为世界名酒之一，还得了奖。（摘自《事件营销案例》）

　　在微博上，事件营销最重要的特性是利用现有的非常完善的新闻媒介来达到传播内容的目的。由于微博上所有的新闻都是免费的,在所有新闻的制作过程中也没有利益倾向,所以在微博上制作新闻不需要花钱。

那么,发什么事件才能引起关注?

2011年春节晚会上,魔术师表演金鱼排队。节目结束一分钟不到,微博上已经有人爆料魔术师在金鱼肚子里装磁铁涉嫌虐待动物。这条微博瞬间被转发近万次,甚至惊动了动物保护组织。后来可怜的魔术师不得不开了微博,指天誓日地证明金鱼都活得很好,但这则微博的转发却是寥寥无几。

可见很大一部分人更愿意关注那些吸引眼球的东西,而容易忽略掉其他。尤其是在微博时代,信息一旦以碎片形式出现,那些缺乏刺激和猎奇价值的信息片断就会被自动过滤掉了。

一则成功的事件关注,必须包含下列四个要素之中的一个。而这些要素包含得越多,关注的概率越大。

1. 重要性

判断内容重要与否的标准主要看其对社会产生影响的程度。一般来说,对越多的人产生影响,其新闻价值越大。

2. 接近性

越是心理上、利益上和地理上让受众接近相关的事实,新闻价值越大。心理接近包含职业、年龄、性别诸因素。一般人对自己的出生地、居住地和曾经给自己留下过美好记忆的地方总怀有一种特殊的依恋情感。所以,在策划事件营销时必须关注受众接近性的特点。通常来说,事件关联点越集中,就越能引起人们的注意。

3. 显著性

新闻中的人物、地点和事件的知名程度越是著名,新闻价值也就越大。

国家元首、政府要人、知名人士、历史名城、古迹胜地往往都是新闻素材。

4. 趣味性

大多数受众对新奇、反常、有人情味的东西比较感兴趣。人类有天生的好奇心或者称之为本能的新闻欲。因为新闻有自己的损耗，所以对于事件营销的策划者来说，必须了解这一成因，才可能减少这种损耗。

某地有家公司开业，在某个广场放置1000把公益伞，然后又安排部分人领头进行哄抢，再以微博的形式现场报道，从而完成宣传。

这一事件确实引起了不少关注，但很多人认为，这件事情反映的是当地民风落后、甚至还有治安不好的内容，所以很少有人注意到它的本意是推广伞，自然也没多少人去买伞。

网民是有自己思想的人，他们往往通过对新闻的阅读产生自己的独特联想。有时这种联想对于事件营销的策划单位是有利的，有时则是相当不利的。

事件营销的第一步是要分析自己企业和产品的定位，看自己是否具有足够的新闻价值。

假如你的企业可以充分引起公众的好奇，那么你就必须注意了。因为你的所有举动都有可能成为新闻，当然，你运作事件营销并取得成功的机会也会比别人大得多。

如果一个人想要在微博上进行事件营销，首要的工作就是分析：

（1）你的微博本身有足够的粉丝吗？

（2）你是否代表了某个领域，而这个领域与粉丝关注的方向是否一致？

如果上述两个问题的答案是肯定的，那么，你进行事件营销绝对是轻而易举。但是，对于很多博主而言，很容易犯的一个错误，是制造了不符合自己形象的新闻，单纯为了造新闻而造新闻。

6. 提高微博转发率

在微博平台上,吸引粉丝关注是件非常重要的事情,前面我们已经讲过如何吸引粉丝。然而,衡量一个微博最终的价值并不在于粉丝的数量,而在于粉丝的质量,判断粉丝质量高低的标准就是评论和转发率。

虽然多一些关注用户有一定效果,但仅仅这样是不够的,你需要与你的粉丝产生互动。最直接的互动就是多上他们的微博去做评论或转发,这样就相当于你在和粉丝对话。

那么,应该如何提高微博的转发率呢?

(1) 提高微博粉丝的质量

那些转发率高的微博大多粉丝质量较高,质量高的粉丝一般有以下几个特点。

①关注的人数不会太多。很多粉丝可能是刚开通微博,也可能是想要与更多的人互动,他会在网上关注大量的人,动辄关注数千人,甚至上万人。这样的粉丝关注了你,不要太高兴,因为这类粉丝算不上高质量粉丝。你想,他的微博关注了几千人,能看到你内容的概率几乎为零。这样一来,他就很难转发你的微博了。即使你在微博上组织一些活动,这类粉丝一般也关注不到,无法与你产生互动。

②转发内容与原创内容比例差不多。在转发的时候,尽量转发一些质量高的微博,并注意控制转发比例,如果你的微博所有内容都是转发别人的,粉

丝就会因为你缺少原创而远离你。原则上，转发的比例不应该超过所有微博的一半。如果一个微博以原创内容为主，他大部分时间都用在自说自话上了，根本不会花时间去关注你的微博。因此，这类粉丝也不属于高质量粉丝。

（2）提高微博内容的质量

即使你的微博推广能力很厉害，也需要以内容做支撑，只有高质量的内容才能吸引别人。那么，究竟什么样的内容算得上是高质量的内容呢？

①实用性要强。当你的微博内容实用性够强，能让其他人找到有价值的东西，他们自然会主动关注并转发你的微博。

这是"内蒙古伊利集团金典官方微博"上发布的一条信息：

爬楼时要精神集中，两眼注视前方；上楼梯时要前脚掌着地，后腿蹬直，蹬离地面时脚趾要用力，手臂呈跑步状，前后甩臂，注意抬头、收腹、挺直身体；下楼时，也要前脚掌先着地，再过渡到全脚掌着地，手臂随意放置。爬楼后可放松一下膝关节，进行局部按摩。

这条微博被转发了9000多次、评论将近500条。

②风格要幽默。当然，这里所说的幽默并不仅仅是指讲笑话，可以讲述一件事情，或是自己对某件事的一些看法，只要语言轻松幽默，一样能吸引大批网友转发。

这是博主"笑得合不拢嘴"发布的一条微博：

交警："喝酒了？"雷人："没！"交警："怎么有酒味？"雷人："喝了杯啤酒。"交警："啤酒也是酒！"雷人："请问蜗牛是牛吗？"交警："不是。"雷人："请问酱油是油吗？"交警："不是。"雷人："新娘是娘吗？"交警："不是。"雷人："啤酒是酒吗？"交警："不是。"雷人："这就对了！"交警："崩溃。"

这条微博被诸多网友转发，转发次数达到了24000多次，评论将近2000条。

③语言让人惊讶。在微博上，那些让人惊讶的话语总是能吸引粉丝的兴趣。这里所说的语言让人惊讶不是说语言多么让人震撼，而是你所讲的内容是很多人不知道的，他们看了会感到惊讶，惊讶之余就可能会转发你的微博。

这是当年阿里巴巴集团创始人马云的一条微博：

公司想挣钱是正常的，不想挣钱是不正常的。淘宝经历了9年不正常，9年来我们从未考核过淘宝收入，从未要求过淘宝有一分钱的利润。今天也没！赚钱不是我们的目的。我们不是道德模范，但我们确实想在中国做一家不同的企业。我们全心帮小企业因为我们懂那种痛。但不是人人从商会挣钱，商业是门严肃的学问。（摘自搜狐网）

这条微博被转发13000多次，评论15000多条。

当然，提高微博内容质量的方法还有很多，上面讲到的三点只是最常见的方式而已。

（3）设法和获得认证的博主互动

网络毕竟与现实不同，现实生活中接触的是实实在在的人，网络世界中接触的只是一个个账号、一个个页面、一个个窗口。正是如此，很多网友对网络一直都是持怀疑态度的。在微博平台上，如果你是一个普通人，你的微博想要获得超高的人气，难度非常大。

可是，那些名人就不同了。名人的微博动不动就有成百上千万人关注，深受广大粉丝追捧，这是为什么呢？我们以新浪微博为例，但凡有点知名度或社会地位的人，新浪微博都会给他们一个认证，并在认证中清楚地写上这个人的行业、职位等信息。这就使这些认证用户相当于在微博上实行了实名制一般，网友们可以放心地相信这些认证用户。这样一来，越来越多的网友更乐意关注这些认证的微博。

由于大多数认证用户的粉丝较多，想与他们互动存在一些难度，但也未必不能尝试。比如，你锁定几个认证用户，经常转发或评论他们的微博，时间一长，他们也可能会注意到你。这个时候，你可以私信给他们求关注。

接下来，你可以有针对性地写几条微博，并与认证用户互动，当他们转发你的微博后，他们的一些粉丝会通过他们的微博看到你、认识你，继而成为你的粉丝。这样循环下来，你微博的转发量会大大增加。

（4）组织团队来提升微博转发率

对于个人微博来说，想要获得比较大的营销效果，往往困难是很多的。可是，以团队的形式出现，互相帮助去做这件事情的时候，就会变得容易许多。组织团队后，可以通过粉丝间的互动来吸引别人关注。有时候，团队成员之间对热点事件的讨论可能会引来大批围观者，这些围观者中可能有一批人会加入讨论的行列，在互动过后，你会发现你的粉丝增加了很多，微博的转发量也增加了很多。其实，在互动的过程中，大家经过口口相传，你的微博会引发强大的转发效应，这些事情一个人是很难办到的。

要知道，"单丝不成线，独木难成林"。一个人即使再优秀，很多事情做起来依然会非常吃力，更有甚者是费了半天劲却不能取得一点效果。而团队则不同，团队成员之间可以互动，可以将自己的智慧集中在一起，这就使你的创意、时间、能力、价值等都翻了好几倍。因此，想要提高微博的转发率，在经济条件和物质条件都允许的情况下，不妨组建团队，以团队的形式运营微博。你会发现，提高微博转发率不是一件多么困难的事。

（5）图片和热点事件永远都能成为话题

通常来讲，图片比文字更能打动别人。举个最简单的例子，某名人在微博上放了一张近期拍的生活照，肯定会吸引很多粉丝的关注。对于我们大多数普通人来说，可以放一些优美的风景图片，或是一些新奇好玩的搞笑图片，只要以图片的形式呈现，效果肯定要比单纯的文字要好很多。

比如，一位博主在微博中上传了一张乡村照，这是个不知名的乡村，但风景优美超乎想象，似乎比人们口中的"中国最美的乡村"还要漂亮许多。一时间，很多粉丝转发并评论了这张照片。可见，图片在某种程度上确实有助转发率的提升。

除照片之外，一些热点话题也能打动别人，由于事件广受媒体和群众关注，在微博发布有关这类话题的评论，自然会有大量粉丝关注并转发。

上面这几种方法如果能将其中一种吃透并运用到微博运营中，微博转发率就有可能迅速提升。

7. 利用推广工具效果更好

微博在推广的过程中也并不是靠微博本身积聚起大量粉丝，优质的微博与合理的规划是最基础的，然而在这个过程中也需要一些外在工具的辅助的，这就好比如果只让关公赤手空拳地与敌军战斗，最后可能会取得胜利，但如果给他一把武器，再加上千百个兵力的帮助，取得胜利便会易如反掌。在微博的推广过程中，利用工具与渠道辅助推广，会比单一利用微博进行推广的效果要好很多。这里我们介绍几种常用的微博推广渠道。

（1）微博应用

在微博的传播过程中，微博应用的出现也给人们玩微博带来了诸多便利。有些微博应为大家在记录生活、分享观点的同时添了不少乐趣，比如测试类应用、游戏类应用、星座类应用、音乐类应用等。还有一些应用则以其实用性辅助管理我们的生活，比如理财类应用、日程类应用、办公类应用、新闻资讯类应用等。但这几类应用对于企业进行微博营销而言，都没有太大帮助。

企业在进行微博营销时常用的应用主要是微博工具类，比如"关系趋势分析""绿佛罗""粉丝分析师""大家互粉吧"等，通过这些应用提供的数据，企业可以对粉丝进行分析，辨别出哪些是活跃粉丝，从而有针对性地开展营销活动；有些企业也通过这些应用寻找符合自己要求的目标粉丝，主动添加关注以求互粉，增加自己的粉丝数量。

除了利用微博平台上已有的应用，企业还可以自行开发微博应用，以更好地为己所用。企业在自主开发微博应用时应注意微博应用要与企业的主营业务或产品的主题相符。一个好的微博应用可以让企业的产品迅速地打开市场，新产品的上市需要让更多的人知道。企业可以开发相关的微博应用，邀请一些微博达人来体验，该应用通过点击、注册会自动生成一条相关内容发送到体验者的微博上，利用微博的传播性和微博达人的粉丝效应将企业的产品推广出去。

企业也可以对自己的主营业务进行应用开发，让大家以一种轻松、愉悦的心情体验新应用，这本身既是一种自身品牌的推广，也拉近了与用户的距离。

除此之外，通过微博应用还可以增加流量的引入，这对于电商企业而言尤为重要，因为流量就意味着商机。微博应用可以作为很好的链接诱饵帮助企业实现外链。用户在使用了应用后，会在微博上分享使用这个应用的感受，向自己的粉丝传递信息。这是个疯狂传播的过程，而且是个信赖度很高的疯狂传播过程。如果单独放置某个网页的链接，用户往往会顾虑链接的安全性，但微博应用传递出的信息值得信赖，这使得用户会主动打开此链接，从而增加网站的流量。

（2）微群

微群也是微博在推广过程中必不可少的一种渠道。我们可以直接在新浪微博或腾讯微博的微群页面中，寻找与自己的微博主题相关的微群，直接发布相关信息，求得推广。比如推广体育用品的微博可以选择在奥运微群里发布信息，餐饮企业可以选择在美食微群发布信息等，这都属于被动推广的方式。在发布完信息之后，等客户来找我们，我们守株待兔就可以。

我们也可以结合主动出击，联合作战。在选择好目标微群发布推广信息的同时，通过查看群成员的方式，一个一个私信，确保微群中的每个人都能接收到我们的信息。通过私信实现与客户直接沟通与交流，抓住客户的需求，将自己的产品与服务推销出去。但值得注意的是，在发布推广信息时，一定要注意采用软文广告，而非硬性广告植入，以避免用户产生反感情绪。

（3）电子邮件

利用电子邮件进行推广也是网络营销常用的一种方式，也可以应用于微博营销。采用这种方式进行推广时，除了注意电子邮件发送的技巧之外，往往还需要一些邮件推广软件进行必要的辅助，比如相关的邮箱采集软件和群发软件。进行电邮推广也要分为三步——收集邮箱、撰写邮件和群发邮件。

第一步，收集邮箱。收集邮箱可以是利用你既有的通讯录，将你所有邮箱中的联系人的邮箱收集起来；也可以通过专门的邮箱收集软件进行收集，比如"一休活跃邮箱自动搜索提取器"就是一款专门的邮箱收集软件。通过这款软件，你可以采集到包括网易邮箱、新浪邮箱、搜狐邮箱在内的所有活跃的邮箱用户。

第二步，撰写电子邮件。在写电子邮件时也是有技巧的，可以采用两种形式撰写你的电子邮件。一种是给那些有可能成为你的粉丝的朋友写邮件，诚恳地介绍你的微博，精诚所至，金石为开，以诚心打动他们。另一种是制造兴趣点，以内容打动人，吸引他们点击你的微博链接，查看你的微博。无论是哪种方法，都附上你的微博链接，可以通过设计一个简单的页面，或从网站中找一些模板进行简单的修改，然后把链接植入到页面当中。

第三步，群发邮件。群发邮件也有相关的软件辅助工具，可以借助邮件群发器帮助群发邮件。这种方式由于涉及邮件推广和简单的网页设计，并不适合所有的用户，因此，你可以根据自己的需求自行做出选择。

（4）博客

利用博客进行推广，可以从两方面入手——利用自己的博客进行推广和利用他人的博客进行推广。各大网站几乎都为自己的用户开设了博客空间，企业可以选择一些影响力比较大、用户比较多的网站创建博客。如果企业已经建有自己的博客，那进行微博推广就方便许多了。影响力比较大、知名度比较高的博客主要有新浪博客、网易博客、搜狐博客、博客网、中金博客、股市财经、东方财富网、百度空间、凤凰博报等。

目前，新浪微博和腾讯微博都支持微博本身与相关博客进行链接，只要在你的账号设置栏内找到"关联博客"或"同步设置"一栏，就可以进行关联操作，将你的微博与博客绑定。当然，也可以在你的博客当中设置链接，直接链向你的微博。

如果你觉得建太多博客不方便管理与维护，也可以选择去别人的博客上留言，然后留下自己微博的链接。

（5）论坛

在论坛上推广微博比较常见，在各大开放的论坛平台上，都提供有签名档的功能。因此可以在签名档内留下你的微博地址，这样只要你在论坛上发帖，就可以把微博展示出来，包括后期的内容更新，个性签名也会同步更新。

利用论坛推广与利用博客推广和电子邮件推广的步骤类似，首先都要收集一些有影响力的论坛，最好是符合你微博内容受众群体美好的论坛。然后注册账号，发布帖子，别忘了在设置个性签名时附上你的微博链接。再次，注意对你的帖子进行更新，确保其能处在论坛上较前的位置，可以吸引感兴趣的人关注，以让更多的人有机会接触到你的微博。

这五种渠道当中，前两种渠道都是与微博自身有关的渠道，或者说是微博本身的衍生品，属于内嵌式推广。而后面的三种渠道是利用微博之外的渠道进行推广，可以称为外延式推广，最常用、最便捷的还是内嵌式推广。企业可以根据自己的需要，在推广过程中选择适合自己的渠道加以利用，进行推广。

8. 煽情、幽默、图文并茂

每条微博只有140个字。用英文写作时，只够写一个短句，很难表达细腻、复杂的含义。但用中文来写微博，如140个字用得好时，就是一个相当自由的小天地了。

140个字的微博虽短，但赋予我们的表达空间却相当大。写好微博，要求我们先学会用好这140个字。一般说来，微博内容可以分为开头、中间、结尾三部分。开头要一下子吸引人的眼球，中间要清晰、有条理，结尾要突出重点，我们可以在结尾提出互动性问题或诱导他人转发、评论。

具体说来，写好微博主要包括以下技巧：

（1）微博开头的第一句话非常重要，要足够吸引人，在需要的场合，甚至可以有点儿劲爆、来点儿煽情。

正如每篇新闻都要有凝练、醒目、吸引人注意的导语一样，微博开头的第一句话就是微博的导语。也就是说，写好微博的第一句，不仅仅是为了吸引眼球，也是为了让那些没有耐心的人有兴趣读下去。

来看这条微博的第一句，开门见山抛出问题："有些网友开始怀疑我的账号被盗，否则怎么不像个'导师'。"这既清楚地解释了这条微博要说的主要内容，又用"怀疑被盗"这样的字眼吸引了读者的目光，可谓一举两得。

（2）微博的最后一句话也很重要，可以用一些醒目的字眼再次点题，也可以写一句互动性的话，抛出问题让大家思考，或者诱导大家转发、评论。

（3）微博的140个字，不但可以有纯粹的文字内容，在需要时，也可以加上网址链接，链接到其他网站、其他微博等外部资源。微博是互联网的一部分，并不是一个信息孤岛，信息之间的相互链接有助于网友快速找到原始信息或相关信息位置，帮助读者扩大阅读范围。

（4）在140个字的中文微博里，使用标点符号时一定要注意，千万不要使用英文半角的标点符号。因为英文半角标点占的空间很小，这让两边的汉字好像紧紧贴在一起似的。本来140个字的显示空间就不大，现在所有字都挤作一团，既不美观，也影响阅读。反之，如果严格使用中文全角标点符号，那微博显示出来，就非常清晰、易读。

（5）不要每次都强求把140个汉字用完，最好是一条微博表达一个完整的信息，或一条微博讲一个故事。不要把无关的内容都塞进来。

（6）发第一个微博时，如果需要，可以用完140个字。但如果是转发自己或别人的微博,那转发时增加的评论内容不要太长,否则,当这个转发被其他人连环转发时,会因为所有新增内容是共享140个字空间的,而让别人可以增添新内容的空间变少。

(7)发出微博之前,一定要把内容再检查一遍,谨防错别字、表达不清或疏漏。

(8)如果微博内容是那种需要大家帮助的,比如慈善类的,那最好缀上"请帮忙转发",或者"请帮忙"等字样提醒大家注意。

(9)微博的140个字是无法更改的。如果在发出之后才发现有错误的内容,那就尽快删除那条微博,再重写一条新的。发出之后,你要记得留意一下他人的评论,看有没有错误或者引起他人反感的地方,如果有,应尽快删除。

当然除了文字精彩吸引人外,你还需要图片锦上添花。想想看,如果你的博客文字本就吸引人再配上精美的图片,那会是怎样一番的景象呢?不仅仅有文字,还有博主分享的照片、视频或转发的原始微博。如果你只发文字信息,你的信息就很容易淹没在其他图文并茂的信息中。

图文并茂的微博信息可以分为两类:一类以文字为主,配图为辅;另一类以图片(包括视频)为主,文字为辅。

以文字为主的微博信息,一张好的配图往往比千言万语更有说服力。所以,只要时间允许,你就一定要为自己的文字配上好的图片(当然也包括好的视频)。在电脑上发微博时,你可以很方便地搜索到好的图片,或使用自己电脑中收藏的图片。在手机上发微博时,如果搜图片太麻烦,可以考虑用手机来拍照片。如果有用手机随时拍有趣事物的习惯,那即便是手机发微博,也不愁没有图片配了。配图片时,应大小适中,手机发布的图片通常会被压缩后上传,所以,100KB以内的图片,图像清晰就可以了。

跨界营销实战

发以图片为主的微博，其目的是要用图片本身来讲故事或表达意思。这个时候，配文就一定要简短有力，字数越少越好，或点题，或煽情，只要达到吸引读者放大图片仔细观看的目的就足够了。如果文字太多会让读者失去耐心，连图片也不愿展开来看。

在写微博时，也要学会在适当的时候，用一点儿幽默的小技巧，让自己的微博引起更多人的兴趣。

微博里的幽默有很多类型：转发的幽默图文，自我调侃、自嘲式的幽默，自己或朋友的糗事，对严肃内容的幽默解析、点评，自创的笑话段子，生活中的冷笑话，等。

当然，转发或改写的笑话终归是别人的创作，如果你能从自己的生活中，发掘那些最有趣的人和事，把它们写成幽默段子，或者，根据你自己的生活经验改编已有的笑话、段子，那多半能收到更好的效果。

想想看，任何一个团体都有那么几个风趣幽默的人，他们擅长耍宝，擅长幽默，你和他们在一起总觉得很有趣。在这个快餐时代谁愿意与一个毫无生趣的人交谈呢？

因此，我们的微博也是如此。只要看一下微博人气榜就不难发现，大家对幽默内容的关注度有多高。高居草根人气榜前列的微博里面，像"冷笑话精选""微博搞笑排行榜""我们爱讲冷笑话""段子"之类的微博博主，其粉丝数量都以数十万、数百万计算。

9. 有奖活动一定要有创意

在微博营销中，最常见也最有效的方式就是在微博上组织有奖活动。对大量微博粉丝来说，一旦哪家公司发布了有奖活动，大量粉丝就会"扎堆围观"，这是当今微博时代的一个现象。所以，微博在没有进入更高阶段的营销策划之前，活动依然是现在微博营销的一个利器。

在微博上做营销，自然是希望更多的人参与，微博平台能够提供的粉丝数量超乎想象。可是，想要吸引更多人成为你的粉丝，并最终成为你企业的目标客户，就要看企业使用什么方法了。如果能策划一些有创意的有奖活动，再加上准确的产品定位，就很有可能吸引一大批用户参加，并最终成为企业的忠实粉丝。所以，从某种意义上说，有奖活动是与用户"沟通"的最佳方式。

我们做微博的内容建设目的是吸引更多粉丝。企业做微博活动要么吸引新粉丝，要么增强与粉丝互动、传递品牌信息。特别是在企业微博粉丝增长期，活动更是吸引粉丝最行之有效的法宝。

我们在开展微博营销活动的时候，设置合理的营销目标，不同话题的时效性和趣味性等可参与指标的初步确定。把主题与企业产品或者服务的主要特质和特征进行结合，提炼出若干个小话题，通过不断关注分析参与的情况进行控制，最终实现优质粉丝的沉淀及活动预设的目标。这里的关键点在于，想要获得更多的优质客户,首先就得激发他们的兴趣。当大批用户对企业的微博产生兴趣时,才会成为企业微博的粉丝,进而关注企业的产品。

一般来说,微博中的有奖活动大概有以下几种方式。

(1)有奖转发

微博最多的活动形式就是有奖转发。只要转发+评论或呼叫(@)好友就有机会中奖,这种方法最简单也最直接。网友们几乎不用费什么时间和精力,动一下手,随手转发一下就有机会赢得奖品。因此,这种方式总是能吸引一批用户参与。

(2)有奖征集

所谓有奖征集,就是通过征集某一问题的解决方法吸引参与,常见的有奖征集主题有祝福语、创意点子、广告语等。这种有奖征集往往能快速调动用户的兴趣,并可以通过获得奖品可能性的系列性"诱导"吸引一批用户的关注。

(3)有奖竞猜

用户可以回答企业提出的竞猜题,活动结束后,企业会揭晓谜底或答案,最后进行抽奖活动。一般企业常出的竞猜题大多包括猜图、猜文字、猜结果、猜价格等。这种活动方式可以鼓励用户靠自己的智慧加运气来获得奖品。

(4)有奖调查

虽然微博上时常组织一些有奖调查活动,但总体来说,有奖调查的应用并不广泛。这种有奖活动一般不以直接宣传或销售为目的,而主要是收集用户的意见。在用户参与了有奖调查活动后,企业会设置一些抽奖

第四章 微博营销，跨界营销新通道

机会。

上述几种方式在微博有奖活动中经常被使用，很多公司都会定期组织一些有奖活动，以便吸引更多的用户参加。

比如，中国工商银行电子银行官方微博于2012年8月13日发布了这样一条微博："工行微博活力一夏'送'iPhone 4S惊喜大奖！想第一时间了解工行优惠信息吗？想轻松掌握工行各地活动资讯吗？马上进入工行网站'优惠活动'栏目，促销、折扣、赠礼……惊喜+实惠！关注工行电子银行微博，转发此微博并@3位好友，即有机会赢取好礼！"这条微博在不到5天的时间里被转发88140次、评论66225条。（摘自《微博营销案例技巧分析：组织吸引人的有奖活动》）

再比如，联想集团上海区官方微博于2012年8月13日发布了这样一条微博："为了感谢大家对动感101音乐万花筒联想锋睿大人物单元的喜爱，关注'联想上海'、参与转发评论，将会抽取一名幸运粉丝，送出联想锋睿大人物特别版的超级本U310，会有@DJ丁丁和@101麦子全部主持的'联想锋睿大人物，录音哦！想要的话赶紧转起来！"这条微博被转发54131次、评论47177条。（摘自搜狐网）

从上面的两条有奖活动的微博可以看出，通过微博举办有奖活动的吸引力是多么的大。一个有奖活动仅仅几天的时间，就可能被转发几万次，甚至十几万次，所产生的影响力和传播效果要比花钱打广告实惠得多。

其实，在微博上组织有奖活动，在Twitter也有企业在做，并且取得了不错的效果。

Namecheap是美国一家著名的域名注册和网站托管公司，在2008年年底和2009年年初，Namecheap在Twitter上发起了两次有奖竞答活动，使用这种方法来组织企业的微博粉丝，收到了不错的效果。

而且这家公司专门负责营销的主管发现，Twitter能够在一定程度上吸引大量粉丝参与互动，并有相当一部分粉丝最终成为企业的忠实用户。而且，在Twitter上做活动需要投入的资金也不多。于是，Namecheap公司相继策划了一些小型的推广活动，在连续几周的时间里，每个小时都会发布一些问题，回答正确的前3名粉丝将会在他的Namecheap账号中获得9.69美元的奖励，而这正是购买一个域名的费用。

这次活动结束后，正确答案最多的粉丝会得到iPod产品作为奖励。

这次竞答活动举办得很成功，整个活动有成千上万的粉丝参与进来。一系列活动下来，Namecheap公司的用户粉丝增加了20倍，新域名注册数提高了20%。

类似于这种通过奖品吸引粉丝的方法被多家企业采用过。但是，同样的有奖活动，如果组织得有创意，收到的效果自然会更好。

对于企业来说，定期举办一些有创意的有奖活动，不仅对企业品牌的推广有很大促进作用，还能在短时间内积累大量粉丝，从而使企业的潜在客户快速增长，企业会在无形中获得更多收益。

10. 通过微博巧妙发广告

要玩好微博，少不了与网上的朋友进行互动，发布与自己生活、工作相关联的广告。当然，这里说的"广告"，不一定是正式的商业性质的广告，而是一些想让大家知道的信息，或是想推广的一些事物和观念。

但是，微博经营是一个慢工出细活的过程，除非你玩微博之前就已经是名人，发布任何一则消息都能达到广泛宣传的效果，而且还不会让粉丝介意。而普通人的微博，要达到宣传效果，就要掌握一些通过微博发广告的技巧。因为微博是一个个性化的信息发布和社交平台，大家希望看到的是有价值的、个性化的内容，是真情实感，而不是强加给他人的冰冷宣传。

所以，要通过微博巧妙发广告，需注意以下几点：

（1）避免过于直白的广告语言

广告的措辞不能太直白，要尽可能地把广告信息巧妙地嵌入有价值的内容当中，比如一些小技巧、有噱头的文字或图片、免费资源、名人趣事之类的内容。广告只有搭载这样的内容，才能获得较高的转发率。特别是微博开通的初期，切忌发纯广告性质的微博，这样，很容易流失关注者与粉丝。所以，一定要避免单纯的广告，可以学习电影电视节目的广告植入手法，将广告植入到有价值的内容之中。

（2）符合博主形象

所发的广告尽量符合博主身份，比如文化行业的博主，微博形象也是文化、艺术方面的爱好者，就要避免发布如工程招标、药品销售等与之无关的行业信息。此外，也要注意所发广告是否与自己在微博当中的言论相一致。总之，微博上发的广告要像自己随口说出的话，否则既损害了此前建立的形象，又无法达到广告的目的。

（3）避免发布过频

不要频繁地发广告，因为如果在一段时间内广告发布过多，就会给关注者带来一个"总发广告"的印象，造成粉丝和关注者的长久损失。即使碰上要宣传的事情较多，也要坚决舍弃一部分；同时，广告发布之后，也要通过回复看大家是不是反感你的广告，如果出现反对或批评的言论，就要果断暂停广告的发布。

（4）形象建立和粉丝积累

微博的关注人数越多，广告的效果就越好，所以，要通过微博做好广告，必须保持的长期工作就是不断提升微博品牌。这在微博的表现上至少包括两个方面：形象建立和粉丝积累。不要急于求成，要通过长时间的经营，使你的微博内容更有"营养"，让网友乐于关注你的微博。

（5）选择大家感兴趣的切入点

寻找与广告信息相关的文化、艺术、情感、新闻事件等元素为切入点，使信息能够为大家提供有价值的东西。最佳的广告内容，就是在发布大家感兴趣的内容的同时，"顺便"推广你想推广的东西。

比如，想推广一个组织或单位，就可以从该组织或单位中搜集一些奇人异事，通过大家对事件的传播，来对组织或单位进行宣传。

（6）增加互动性

以互动交流的方式进行广告宣传。可以就相关的事件进行意见交流，或者提出一些有趣的问题，使大家能够持续关注。有一名营销专家，为了宣传其所在的咨询公司，就在微博开设了"营销门诊"，为大家在线解答营销问题，这就达到了非常好的传播效果。

在微博中巧妙发布广告的方法有很多，但一定要注意，广告的内容不宜过多且过于直白，只要把握好技巧和发布的频率，微博广告就能产生理想的宣传效果。

第五章

微信营销，
让跨界更简单

微信不但改变了我们的沟通方式，更改变了我们的生活。尤其是在商业圈中，微信已经占据了不可替代的位置。每一个搞营销的人都明白一点：任何一种新兴的营销工具，都可以要拿来运用。在营销大师眼中，任何一个地方，如餐厅、健身房都有可能成为营销的场所。一个新兴媒体通信工具的出现，更是会吸引营销者的注意和青睐。

第五章 微信营销，让跨界更简单

1. 微信平台撬起"新商机"

微信的推出，不但方便了人们互相交流沟通，更展现出了很多商机。比如微信营销就是其中最大的一个商机。商家可以借助微信这个平台，向关注自己的用户发送一些优惠信息和提供一些便捷服务，与此同时让自己的品牌得到宣传和推广。因此，有人称微信平台就好比是一个杠杆，可以撬起很多商机。

在这里，我们可以用七个方面来说明一下关于微信平台给企业带来的新商机。

（1）为企业用户提供微信营销服务

众所周知，微信在2020年1月份的用户已经突破了11亿，这个庞大的数字说明什么呢？说明微信中有巨大的商机。因此，很多企业家纷纷利用微信平台来做营销。当然，这就涉及微信公众平台的运用。在这个过程中，有些人又从中发现了新的商机。比如，很多企业要进行微信营销，就必须要亲自动手去操作微信平台。但是有些企业却并不想花费时间和精力在这方面，又不想错失微信营销这个机会。所以新的商机就出现了：创业者可以为企业用户提供微信营销服务，为企业代理营销工作。比如，你可以办一家类似"一诺微整合"这样的微信营销公司，为广大企业提供营销服务。这就好比那些淘宝代运营服务商一样，这些人可以帮助你来完成详细完美的微信营销攻略计划，让你的产品在第一时间内通过微信的形式进行营销推广。而且如今越来越多的公司、企业，无论是大型企业还是中小型企业都开始青睐微信。所以，从这个角度来讲，微信平台带来的这个新商机可谓是前途无量。

（2）基于微信开放平台的应用开发

目前微信最新版本开放平台的应用开发已经让很多企业用户感到新鲜奇特。企业只需要将APP程序接入微信，就可以让用户分享到你的任何信息。其实，微信开放平台就是起到了一个汇集第三方内容的作用，可以促进用户分享信息。有关专家认为，在不久的将来，这很可能会演变成为一种私人生活服务平台，届时，对用户来说，这样的平台将会更加便捷。

微信开放平台会帮助你将好的内容分享给好友。用户在企业APP中看到某个漂亮的图片、动听的音乐等都可以通过分享功能来分享给微信好友。用户还可以使用企业APP来直接查看企业的信息内容。比如目前国内最大的社区型女性时尚媒体"美丽说"就通过APP来向关注它的用户提供一系列的最新时尚信息，用户可以通过转发等功能与好友分享。其实说白了，这与微博差不多，但却比微博更为方便。因为这是一个单独的对客户一对一的服务。

当然了，微信用户没有安装APP，那么它会提示你去安装。微信公共平台在以后的开发发展中，还会有新的进步。

（3）基于微信微页面的制作公司

众所周知，在微信公众号上，企业可以通过内嵌网页浏览器来提供给用户浏览功能。试想一下，如果这种微页面的功能被强化会出现什么情况呢？

我们来想象一下：如果你通过扫描二维码加入了附近的一个美容店的微信公众号。然后，对方在微信上给你提供了一个微页面，你打开进入之后发现了自己感兴趣的内容。类似一些美容套餐、美容护理、熏香SPA、上门按摩、发型设计等活动，那么你可以通过这个微页面上的一些指示进行自定义设置服务。比如你来这家店做美容的时间周期可设置在哪段时间内该做什么项目等。这样一来，到某个时间段的时候，该店会通过微信来提示你是否进行定期美容。如果你选择是，那么该店会再次给你一个微页面，让你预约时间、技师、预交定金等，然后直接完成交易。随后，该店就会有你的登记信息，到时候会自动上门为你服务，或者你可以直接去店里享受服务。

所以从这个方面来讲，微页面的发展空间太大了。正因如此，一些微信页面制作公司兴起，帮助企业进行微页面设计、策划。这就像当初互联网刚刚兴起时，立刻出现了大批设计和建立网站的公司一样。因此，针对微信的快速发展，这个商机也充满了诱惑力。

（4）建立微信呼叫中心

我们都知道"CALL CENTER"，这是一种电话呼叫中心的功能。客户通过不同的方式，比如电话、传真、电子邮件等方式来拨入一个企业的呼叫中心，根据语音提示进入系统，完成一系列查询。当然，用户还可以选择与人工客服进行直接交流，寻求帮助。很多企业也根据用户需求，会定期向客户发布一些新产品信息，通过呼叫中心来传出。针对这样的便捷服务，微信也有了一个巨大的新商机：建立微信呼叫中心。

（5）为微信提供个性化增值产品

微信5.0版推出之后，不但开启了游戏、一键支付、扫描等多项功能，而且还被业界认为是商业化的新开端。而腾讯董事长马化腾却这样认为："这些微信上的新应用，在之前是我们都没有想到过的模式，而如今它却有了，这实际上是用户自己创造出来的。所以，微信的商业新发展还需要个人和合作伙伴来共同创造。"这番话给了那些创业者一个巨大的鼓舞。没错，微信的发展正在如火如荼地展开，所以新商机会不断出现。比如为微信提供个性化增值产品就是一个新商机。其实这个机会很大程度上来自微信的页面按钮。在主页面上的这些按钮包括"通讯录""微信""发现""我"。而在这四个大的按钮下是不是还会出现一些更多细分的按钮呢？会有。当然了，对创业者来说，你还可以为其提供一些更多个性化的增值产品，比如皮肤设置、表情设置、动态头像、变声等等，这些内容中还会有很多的增值商机在等待着广大创业者。

（6）微信开放接口代开发或行业解决方案

这是一个对创业者来说十分有趣的环节。随着用户需求的多元化发展，用户的需求越来越复杂，如何满足用户需求，并且开发潜在客户，这是企业需要关心的一个重要问题。而基于此，创业者就可以提出一些解决方案。比如针对学校，可以设立微信版的家庭会议，用微信来建立家长和学校之间的互动关系，有助于家长实时了解学校以及学生情况；针对医院，可以设立医疗服务平台，比如挂号服务、医疗咨询等。再加上微信使用率高，大家随身携带智能手机，所以无论是在互动还是效率上，都能达到很好的效果。

（7）创建移动电商平台

随着电商网络的不断进步，商家越来越多地了解到客户的需求，为了让客户更加便捷地购物，传统电商为发展，越来越多地借助微信合作。很多商家网站与微信建立了移动平台，让用户可以随时购物，了解电商网站的一些最新优惠和特价商品并在与微信搭载的平台上卖东西。当然这就为创业者们提供了机会，利用微信搭载平台的功能开设微店。

第五章 微信营销，让跨界更简单

2. 灵活运用微信公众账号

对于一个刚刚从事微信营销的创业者来说，很多时间可能都泡在微信上，对于微信公众账号很了解。事实上，微信是基于交流沟通而开发的一个平台，虽然很多特征有助于微商，但还是有一些不足：不能成为一个完全意义上的商业平台。

而对于微商来说，微信公众号的出现似乎弥补了这一缺陷。所谓微信公众号，是一个公开的账号，与个人微信账号相较，它是一个开放式的交流平台，也正是如此，其为微商增添了很多便利。

公众号不仅仅对企业开放，个人同样也可以申请。通过这个平台，你可以和特定的人群进行文字、图片、语音等形式的交流。可以发布信息，可以绑定自己的私人账号进行信息群发。这对于微商来说，极具商业价值。

运用公众微信向用户推送产品信息时，有以下几个重点。

（1）内容推送

利用微信公众号推送内容时，最好采用图文配合的方式，这样的信息更具有可读性。文字字数保持在200～1500字，图片不要超过3张，尽量选择横向图片，置顶的图片大小在395×220左右，缩略图大小在200×200左右最佳。

（2）推送方式

微信公众号发布的内容最好以图文的形式编辑，然后再推送。你可以选择多图文信息和单图文信息。如果你推送的内容比较专一，建议使用单图文信息；如果你推送介绍的只是某一型号的产品，用一个图文信息就能够清晰地说明；而如果你推送的是一个系列的产品，那么用多图文信息会更加有条理。不过多图文信息每次发送不要超过3条。

（3）关键词自动回复

"关键词自动回复"的主要作用是通过规则添加，订阅用户向你发送的消息内容如果包含你设置的关键字，那么，你设置此规则的内容就会自动发送给订阅用户。比如你设置的关键字是"L"，而"L"中的内容是产品的简介。那么，只要用户向你发送字母"L"，你的产品简介就会自动发送给用户。具体操作方法如下。

①通过以下流程进入：登录微信公众平台→功能→自动回复。在这里可以编辑"被添加自动回复""消息自动回复"和"关键词自动回复"。

②规则名其实就是本条微信推送内容的标题。关键字是随意设置的，最多可输入30个字。从营销的角度讲，关键字设置要准确，如果这篇文章主要是讲营销的，那么就将"营销"设置为关键字就好。回复内容可以选择文字、图片、语音、视频、图文等模式。

那么，如何才能让用户知道回复哪些关键字可以看到他想看到的内容呢？

下面我们将以一个朋友的公众微信为例，来说明自动回复的优势，不同的是他卖的是服务，很多人卖的是实物。

①在越小姐面膜公众平台"MissYueMianMo""被添加自动回复"中告知用户，当用户第一时间添加你为好友时，对客户进行引导：

第五章 微信营销，让跨界更简单

"您好！欢迎加入'越小姐面膜'官方平台，越小姐面膜是中国第一家微商美妆品牌在上海股交所挂牌上市的企业（证券代码：204710）。越小姐面膜立志成为中国顶级面膜领导品牌，以梦想的名义创新，以梦想的名义创意，以梦想的名义颠覆，坚持以最苛刻的眼光，挑选全球最顶级的珍稀原料配方，让中国人享受最奢侈的劳斯莱斯级的面膜和护肤产品，打造属于中国人自己的民族奢侈品牌，持续以让世界品牌看中国为目标。查看更多内容，请回复'上市'。"

用户只要回复"上市"，'越小姐面膜'的公众微信就可以推送相关内容给用户。

②比如，以"L"为关键字设置"关键字自动回复"用户就可以看到以"L"为关键字的内容了。当然，我们还可以进一步细化，把"L"为关键字的内容做成引导性的内容。"回复后面数字，您将看到相对应的信息。越小姐简介——1；研究室——2；代理管理——3；企业营销——4；联系方式——5"。也就是说客户在回复了"L"之后，继续回复"1"，就可以看到我们研究室的简介。以此类推，你可以设置更多有意思的内容，让用户看到你的所有信息。

此外，在与用户互动的过程中，有些商家采用了微信公众平台的智能回答，在微商中，我们不建议大家使用这种模式。因为每一个微信用户都是实实在在的人，用机器人与客户沟通交流会显得机械化，给客户一种毫无生气的感觉，反而疏远了你与客户之间的距离。有些人可能担心对用户的问题不能及时给予回复，而造成客户流失。其实不然，如果你在看到用户的信息后能够诚恳地回答并解释，用户都能够谅解，因为他知道，你也是人。

微信公众号是一个开放的平台，面对的是所有的微信用户。如何在微商中将微信公众号的优势发挥得更好，需要不断地摸索。其中内容是最关键的部分，因为用户看到的就是你给他看的内容。内容做得好不好，直接关系到营销的成败。内容不单单是文字，它可以是图片、图文，还可以是音频，甚至视频，多种内容的组合才是王道。

3. 让陌生人愿意加你为好友

微信的操作很简单，但是如何很好地运用这个功能其实很有技巧。因为我们虽然能通过该功能找到附近的人群并且向其传递信息，但我们更重要的目标是吸引对方注意并持续关注自己的微信或公众号发布的信息。所以在与对方初次打招呼时，需要对细节进行深度考量。

（1）推送微信的性别设置

根据我们的统计发现，一般来说，使用男性账号去和陌生人打招呼时，对方的回复率一般在5%~10%之间；而如果使用女性账号，回复率会达到20%~30%，效果相差3~4倍。所以在微信设置时，可以尽量选择女性账号。

（2）推送微信的头像设置

一般来说，通过微信查找附近的潜在客户必须使用个人微信账号，而它毕竟有别于公众账号,所以微信的头像设计可以不使用企业标志。我们建议使用个人照片作为头像,这样会更有亲切感。当然,如果在网上下载一个美女照片做头像,可能会获得更高的回复率,但也容易丧失客户信任度,所以一般企业如果是业务人员或者销售经理借助微博来找寻客户,最好还是放自己的大头照比较好,只要大方得体即可。若是美容美体或者休闲沙龙类的企业,则可以把头像设计得更精美一些。以提升客户的兴趣度。

(3)初次推送的信息

初次推送信息时,措辞需要尽量简洁并恭敬。比如:"您好!我是××服饰品牌的客户经理小宋。××品牌专注于高端男士商务服饰,希望能和您成为微信好友,为您提供全方位的形象服务。"信息宜在40~70字范围之间,简单说明自己的身份和能够给对方提供的服务即可。若对方感兴趣自然会加你,如果提供的信息太多,反而会引起对方的反感。

(4)好友添加后的信息推送时间

很多人在做微信营销时都会犯这样一个错误:认为对方添加了你的微信账号就万事大吉了,接下来的事情就是定期推送信息,也不管客户是否有其特殊的需求。

然而,我们推送的信息并不都是客户需要的,如果信息过于频繁且又无法引发好友的兴趣,结果就会使对方感觉到被骚扰了,进而放弃对你的关注。可如果推送频率太低或者时间不对,也会让对方逐渐忽略你的存在。

一般来说,如果是关于休闲、服务类的企业,比如餐饮、服饰、美体按摩等,可以选择在周五晚上或者周六下午进行1~3条信息推送;如果是商务类的企业,比如办公用品、企业服务等,则可以在周三、周四的中午或下午进行信息推送，相对来说被关注的概率会更高。

总体来说，每周推送1~3条信息即可。

（5）好友添加后的维护

推送频率只是维护潜在消费个体的要素之一，如果你发送的信息是对方有需求的，即便频率高一些，他们也能接受。可如果你发送的信息对方认为无用，每周1条对方可能都会觉得很烦。

4."摇一摇"，神秘之余摇来"生意"

微信"摇一摇"这一功能的设立，让原本单调的聊天、沟通方式变得灵活多变，俏皮可爱，深受人们喜爱。

"摇一摇"功能具体操作步骤如下。

第一步：在"发现"的界面中找到"摇一摇"。

第二步：进入"摇一摇"界面，轻摇手机，微信会帮你搜寻同一时刻摇晃手机的人。

第三步：摇到的朋友，直接单击即可开始聊天。

第四步：单击"设置"按钮，可以查看到上一次摇到的人群，也可以更换背景图片。

当你打开手机微信上的"发现"一栏，找到"摇一摇"界面。在这里，只要你晃动一下手机,轻轻一摇,就能迅速找到周边与你在同一时刻摇晃手机的人。单就这种方式就让人感觉很神秘和新鲜,也有助于人们拓展其社交平台。

而对商人来说,每一个方式、活动都是营销的契机,所以充分利用"摇一摇"来拓展自己的生意往来也不失一种方法。首先,给自己取一个比较有吸引力的名字,比如"××店优惠券""××美容顾问"等,然后在某一时刻通过"摇一摇"来找到同时晃手机的用户,然后送出自己店铺的优惠券。比如,阿金就通过"摇一摇"功能"摇"到了一家美容美发店的优惠券。店家认为,这是一种神秘的送奖方式,也是一次新鲜的体验,"摇"到优惠券的用户,会如同自己中了大奖一样高兴,毕竟这种概率是不高的。

"摇一摇"说起来很简单,就是当你开始打开该功能且用手机摇晃时,即可找到同一时间摇晃手机的微信用户。因为彼此在同一时间做同样的事情,所以更容易打破距离感。

如果说查找附近的人适用于区域化的营销,那么摇一摇即可实现远距离的客户寻找和定位。

做厂房设备的李先生最近就通过微信"摇一摇"功能做成了一笔业务。李先生从事设备销售三年多,以前的销售渠道主要是网络。自从玩上了微信以后,他就开始琢磨能不能用微信来拓展自己的客户群体。查找附近人群是个好功能,但查找范围有限,不适合他所从事的领域。不过他发现,"摇一摇"这个功能很有意思,每次都能发现不同地区的人,相比之下更适合自己。所以李先生每天都会抽时间摇晃一下手机,看看有没有合适的潜在客户。

当然,通过摇一摇找到的人很多,李先生不可能每个人都去加来聊天,那样耗费的精力成本太大。所以他一般会关注对方的个人信息,例如个人介绍,对于那种十多岁或者看起来很小的用户就直接排除,在其余的客户中,如果发现有从事电子机械或类似行业的,就尝试添加。并且他会在自己的个人介绍上详细说明从事的业务,例如出售的产品类型、价格范围、型号等,便于对方判断是否需要也添加他。通过这种方法,几个月下来李先生真的借助微信联系上了一个客户,并且签订了十多万元的单子。

当然,除了利用该功能寻找客户之外,在一些现场或者线上的营销活动中,也可以利用该功能来增强活动的互动性。

5. 签名栏是一个很好的"广告位"

微信中的个性签名与QQ个性签名一样,当别人搜到你的时候,会最先看到那句总结性的话语。当然了,这样一来一些有心的商家就将这个区域当作了自己的"广告位"。很多企业将其企业的业务、工作性质、宗旨等放在这个签名栏上,让用户能够在第一时间看到。

第五章 微信营销,让跨界更简单

曾有位专家说:"在微信营销的所有功能中,最能体现出网络营销价值的就是签名栏这个功能。"其实,签名栏的作用是让企业将优惠消息、促销活动快速发送出去,并且吸引更多新客户,可谓是让企业的宣传促销事半功倍。

现在很多大品牌也纷纷利用微信来营销和推广产品。当然了,不只是公众账号的大力宣传和群发消息等,绝大多数企业都会有很多微信小号,企业可以用这些小号来吸引粉丝,推广商业信息,与粉丝一对一沟通,还可以建立微信群,进行群聊。

当然了,这就更加突出了签名栏那不可忽视的"广告位"。比如很多租房机构、旅行网等都喜欢用微信上的签名栏来做营销策划。比如,我们在搜"租房"二字时,会出现一系列的微信号。从其签名中,我们可以看到众多租房机构的个性签名广告,而一个简洁上口的签名必定能招来粉丝的喜爱。

其实,从微信运营本质上来说,这个签名栏是一个十分有效的广告位。对企业来说,不但其广告达到覆盖的面广,而且其效率和回报率也是很高的。另外,从广告投入方面来看,微信的这种签名栏资金投入基本为零。因而,利用微信签名栏打广告不但更加实用,而且更为强大,能有效快速地吸引客户,也让企业用户对它颇为依赖。

当然,对企业而言,具体的签名方式还需要企业去慢慢策划。下面,我们来介绍一下怎样策划签名广告。

(1)设置一个抓人眼球的签名

企业人员可以在微信小号上为自己设置一个有个性和创意,能够吸引他人的签名,当然这个签名也必须要符合企业的宣传。比如凯迪拉克的"风范,自非寻常"等。事实证明,只有抓住众人眼球,才能吸引人的注意,让别人多看你一眼。这就好比，在一群人中，一个标新立异、穿着亮丽的人总能赢取众人的视线。个性签名也是同样的道理。

那么怎样的签名才是抓人眼球的签名呢？必须要符合以下几点：简洁、突出企业定位、富有创意。很多较为复杂的签名往往不受重视，即便是你有万千文采，用户也不会去看一下。比如，凯迪拉克的"风范，自非寻常"不但干练，而且还体现出了凯迪拉克那高档、尊贵的定位，比较能抓人眼球。

（2）通过查看"附近的人"功能来发送自己的签名

在微信中，只要你打开"附近的人"就可以看到附近人的微信甚至一些内容和信息。当然，附近的人也会看到你的微信。所以这是一种直接吸引粉丝用户的方式。因此，在这个功能中，你必须要让你的签名发挥广告宣传的作用。你可以在这个签名中，写上自己企业最近的优惠和宣传活动，这样附近的用户就能在第一时间看到你的广告，从而才会吸引一些感兴趣的朋友来参加活动。

如今，很多企业都运用这种方法，有些企业甚至会雇用专人24小时在人流密集的商业区进行查看"附近的人"。由于这些地方人流密集，所以看微信的人也格外多，而且由于是商业地区，所以人们大都奔着商业优惠而来。而此时企业如果能够将自己店的优惠和广告放到签名上，那么在这些商业地带的人们就会在第一时间内看到你的信息。

事实证明，这样的微信签名广告并不比那些户外大屏幕、宣传栏上所打广告的效果差。随着微信用户数量的不断上升，这个简单的签名栏会成为具商业价值的移动"广告位"。

6. 产品是营销的关键

任何一种商业模式，都离不开产品的存在，而且任何的商业交际、交易几乎都是围绕产品而展开的。同样，微信营销中产品是一个非常重要的因素。有时候你的营销做得好与不好，可能与一些技巧策略没有多大关系，产品才是关键。

对于很多准备以微信创业的伙伴们来说，选择产品是一个非常重要的环节。如果产品选择恰当，那么在微信创业这条路上会走得平顺一些。否则，如果选择一个偏门产品，就会让你走很多弯路，即使你投入再多的时间与精力，做起来也是事倍功半。那么，我们该如何选择适合自己的产品呢？

首先，不要盲目跟风。看到人家卖什么自己就跟着卖什么，这是一种愚笨的做法。因为你不知道产品质量如何、是不是正品、效果如何、会不会产生副作用等。很多创业者都只是不见货的代理，无法或者没有能力去辨别。

小丽是一个微商，她现在代理着韩国一个品牌的化妆品，客户稳定，业绩也在不断增长。可很多人不知道的是，她在微商中也曾走过很多弯路。

起初，她和很多刚开始微信创业的人一样有些兴奋又有些迷茫。兴奋的是，她可以真正开始创业；迷茫的是，不知道如何选择产品。最终，在朋友的介绍下，她选择了一个面膜品牌。上家对她说，你只需要在微信朋友圈中发布我发布过的信息就可以，卖掉就可以拿提成。她也不是很懂，就这样稀里糊涂地跟着上家做。刚开始销量虽不是很好，但或多或少可以赚到一点钱。

直到有一天，一个买过产品的好友责怪她说面膜有副作用，质量很差，并劝她不要再做了。紧接着，越来越多的客户找她"算账"，说他们用了面膜之后产生了副作用。小丽将问题反映给上家，上家却找出各种理由不给解决，最后还屏蔽了她。

最终，由于好多客户都是她的好友，听说这种情况后，也都没有和小丽计较。小丽的面膜自然也卖到了尽头。

总结经验，吸取教训，一个月之后她准备重新代理一个品牌，就是现在所代理的韩国某化妆品牌。在决定代理这个品牌之前，她首先试用了产品，咨询了使用过该产品的消费者，反应都不错，才最终交保证金确定了代理权。

俗话说："吃一堑长一智。"一个人跌倒一次再爬起来时，会成熟一次。话虽这样说，当我们跌倒之后必然会比人家晚一步，付出的代价会比别人多一些。所以，如果我们选对产品，就会比别人快一步，比别人更有竞争力。

在选择微商产品时，需要注意以下几点。

（1）选择正品

产品一定要是正品货源，有完善的售后服务和运营机制，这样即使产品出了问题，也能够很好地解决。

(2)亲身体验

选择产品,要亲自进行试用体验,如案例中的小丽一样,亲身了解产品的特性、效果,看是否有不良反应,最后再做决定。千万不可盲目地相信广告,否则会影响你对产品的判断。

(3)选择自己喜欢的产品

俗话说:"兴趣是最好的老师。"当你对一个产品感兴趣的时候,你才会全力去做。即使过程很辛苦、很累,你也是乐意的。不要盲目跟风看到别人做什么你就做什么,当产品不是你所喜欢的时,一点点挫折都可能会将你打败。所以,选择自己喜欢的产品,做一个快乐的微商。

(4)避免被诱惑

一些企业在找微商代理产品的过程中,打出了很诱人的条件,如奖励汽车、手机、电脑、国外豪华游,等等。对于这类承诺一定要头脑清醒,眼睛不要盯着那些奖品,而且奖品也只有当你达到一定业绩之后才能获得。把目光放在产品上,回归本质,产品品质是否达标,这才是重点。

除以上几点外,这些商品要慎重选择。如产品质量有问题的、客户反映不好的、能非常容易买到找到的等。

7. 微店也是一个不错的选择

我们在微信朋友圈中做微商的同时,可能还发现了另一个平台,那就是微店。微店是线上商店，所以，我们也可以把微店作为微商运营的一个平台。

就基于微信平台的商品交易，大致有这样两种方式。

（1）本地交易

经营者在微信朋友圈或微店中发布产品信息，消费者在看到产品想要购买时，在经营者的实体店或者家里进行交易。

（2）外地交易

经营者没有店面，只有仓库或者采用调货的方式。经营者在微信朋友圈或微店中发布产品信息，消费者想要购买时，先商谈价格，经营者通过快递送货，向买家提供银行账号，买家打钱，交易完成。

对于微商创业者来说，大多数人采用的是第二种方式，因为这种方式成本低，操作简单，非常适合一些刚刚开始的创业者。

微店运营首先要有一个自己的微店，申请的过程非常简单，首先，在你的智能手机上下载一个微店客户端，然后根据提示操作，整个过程不到2分钟。按照当前的官方规定，经营者只需要提供一个身份证、一个手机号、一张银行卡，就能很快注册一家微店。随后我们就可以在微店中添加产品图片、价格等信息，然后发送到微信朋友圈，与消费者进行交易。

当然，微店创建看似简单，但能够做好的人却不是很多，这是因为他们不知道怎么去维护和推广，致使微店成为一种摆设，甚至被遗忘。下面我们详细探讨一下微店的运营技巧。

（1）找目标

根据我们经营的产品找到合适的人群，接近并交流，从中发现意向客户，然后有针对性地进行推广。比如，做护肤品就找一些时尚的女性，这样的群很容易搜到，然后在其中寻找目标客户。

（2）互利互推

寻找一些志同道合的朋友，或者忠诚的粉丝，与他们达成利益联盟，互惠合作，优势互补，进行有效互推，达到更好的推广效果。比如你是做洗发水的，你可以与一些做面膜的微商联盟，很多时候他们的客户也是你的潜在客户。

有一个做汽车装饰的朋友，他有实体店，随后开了一个微店，目的是想通过微店销售一些汽车装饰品来提升业绩。

可微店开了之后，一两个月过去了，效果非常不好。虽然有人咨询，但成交额很少。之后与一位开微店卖轮胎的朋友聊天，发现两人遇到的问题是一样的。在讨论中，双方达成一致进行互推，卖轮胎的在推广自己产品的同时推广装饰品，另一位则在推广装饰品的同时推广轮胎。就这样，他们在微信朋友圈中展开了互惠互利的推广合作。

没想到一个星期之后效果出奇好。随后两人一商量，又找了一些其他的汽车行业的微店经营者，进行联合推广，效果越来越明显。如今，微店给我这位朋友带来的收益占到了他所有收益的一半之多。

（3）朋友圈推广

这是做微商最常用的一种方式，可以写一个店铺及产品的软文，配上图片，发布到朋友圈中，在朋友圈中进行传播。需要注意的是，刷屏不要过于频繁，否则会引起好友的不满，甚至被屏蔽。

（4）奖金推广

就是说将你的产品发布到微信平台，设置一个奖金，引导更多的人为你转发。当客户购买了你的商品后，转发者就可以获得相应的奖金。这是一个非常好的推广方式，首先奖金对于很多人来说具有很强的诱惑性。其次，转发的人越多，产品推广的效果就越好，而且自己不用费太大的力，只是在商品卖出后支付一点奖金即可。

（5）稳定老客户

经商的人都知道，老客户是生意稳定的重要因素。微店也是如此，经常与老客户保持沟通，进行必要的关怀，比如向老客户传达新货更新信息，客户再次光临时送一些小礼品等。

（6）群发推广

通过微信群发功能或者微信公众账号发布一些关于店铺及商品的信息，当然群发信息时需要制造一个恰当的理由，如商品促销、打折等，这样才不会显得生硬。

（7）软文推广

写一篇好文章或者找篇好文章（发布时标明出处及原作者），将自己的微店、产品及微信号植入到里面，在一些大的平台上发布，如百度、天涯等，同样可以起到不错的推广作用。

（8）"二八"推广

这里的"二八"说的是"二八原则"，"二八原则"是指我们要用80%的时间与客户进行微信沟通交流，用20%的时间聊产品，这会使得客户更容易接受你的产品，对销量影响更大。

（9）分销模式

有很多做微商终端销售的人最后变成为了微商总代理，角色转变后，又寻找、培养新的微商代理。这其实也是一种分销方式，一方面能够增强产品推广度，另一方面可以提升产品销量。同样，微店也可以采用这种方式，你的客户现在是买家，但也可以成为分销商，就看你用什么样的方式和心态去对待。

从某个方面讲，微店的运营属于微商的一种运营方式。在微店运营中，谨守以上几点技巧，一定能够找到一种适合自己的运营机制。

8. 依靠内容打造吸引力

微信的吸引力从内容开始，内容是赢得人们掌声的第一步！只有精彩、有吸引力的内容，才能迅速抓住客户的眼球，增加客户黏度，还能带来新的粉丝，让你的营销熠熠生辉。所以，企业要非常重视这个环节。

内容就像是人的内涵。如果把微信和用户比作是一对相识的男女，那么只有微信拥有了足够的内涵，才能对用户产生长久的吸引力，才能成功和用户绑定在一起。招商银行的营销策划人就深谙这一点。

招行在率先和微信合作后，推出了"微信银行"，它的公众号备受关注，并且很快成了佼佼者。且不说技术性的差别，究其最深层的原因，据业内人士分析，他们俘获消费者的最主要原因就是内容做得好。就像小米创始人雷军说过的一句话：病毒营销的关键不在于渠道，而在于内容。当然，微信也是如此。

许多企业的营销人员其实对微信营销一知半解,但是看到别人做得风生水起,就热血沸腾,立即创办自己企业的微信平台,唯恐输在起跑线上。然后做一个活动,寻求大V转发或者找自己的朋友转发,这种做法其实是失败的,虽然内容被转发了却收获不到任何有实际意义的回报,所以,在做微信营销的时候,一定要注意,先做好内容,再做传播,这样才能赢得市场。那么该如何打造"有性格的内容"呢?

我们不妨通过假设一个场景来将问题具体化:

假设你是销售服装的企业,要通过微信发布自己的新款秋装。按照常规思维,我们应该强调的是款式、面料、做工及品牌。当然,不可避免的还有折扣后的价格,例如原价3688元,限时折扣2888元。这样的信息当然会吸引一部分人的关注。事实上,任何一条消息,都能够吸引一部分人的关注,但问题在于这部分能够被你吸引的人是不是你的微信推广对象?

为什么很多营销手段都是重复重复再重复?是人们不愿意创新吗?当然不是!而是营销人不敢创新,因为创新或意味着放弃大部分的接纳,去寻求所谓"小众"的喜好。就像秋装的信息推送,内容中所涉及的要素,也许是大多数人都关心的,但这种关心能否转化为购买行为,我们不得而知。

但是,倘若我们知道更为详细的信息接收方的个人资料,事情会不会一下子变得不可思议呢?

既然了解了这位客户的需求方向,那么在做信息推送时,是不是可以专门选择相应的产品来做推广呢?根据我们做过的一次为期一个月的营销测试,结果显示:如果可以按照客户的需求维度来推送产品信息,被关注度、反馈度和到店率分别能够比同时间段统一的信息推送分别提升57%、31%和18.5%，仅仅一个月就可以做到如此成绩，倘若持续下去，相信在一年时间内到店率或将提升80%以上。因为被计入到店率的用户都是通过微信的信息推送专门找来的，那么他们的再消费可能性比普通客户要大得多，我们不妨假设其中会因为各种原因流失一半的客户，即便如此，也可以将销售额在短短时间内提升40%，这对企业营销来说，已经是非常成功的结果。

好的微信营销内容应该依照以下几步有计划地展开，这样才能步步为"赢"。

第一步，确认产品定位，根据定位锁定主题词。

营销内容要符合产品的定位，所以第一步就要确认好产品定位。"定位"二字的含义，是确定商品在市场中的位置，即企业决定把产品当成什么来生产和销售。以酒店来说，如果把它定位在"提供住宿"上，那么就应该强调其舒适度、价格合理等；如果把它定位在"身份的象征"上，那么就应该突出其豪华、奢侈、星级标准等。换言之，企业根据自身的条件，为自己的产品定好位、塑造好形象，以满足用户的某种需要和偏爱即产品定位。

给产品找好了定位，我们就可以根据定位确定主题词。还用酒店行业举例，比如微信号为"innteam"的酒店就做得很好，它们给酒店的定位既不是满足普通人住宿，也没有凸显其奢华，而是定位在"订房方便上"，具体到有多方便，它们是这么写的"微信开房，只需三步"，这样就能迅速抓住客户眼球，只需三步，这里的三步也用得很巧妙，让人能很快感受到它的快捷、方便。接下来再介绍这三步，就容易吸引人们去了解，在这样的内容的引领下，酒店生意想不好都难。

第二步，分析客户希望看到什么，迎合客户需求。

有一次王杰出差坐高铁，旁边是一位妙龄女孩，她不断地翻看微信内容，从她翻看的内容来看，大部分是一些女装搭配示范真人秀。女孩非常认真地看，还把图片放大了。因为王杰也在看，她误以为王杰是在看她，所以匆忙把手机收了起来，问："你想干吗？"王杰就赶紧解释说自己是一名微信营销培训师，可以帮助她分辨好的商家和商品。最后王杰从她那里了解到了女性对服装营销类信息的真实需求。她说对服装细分，分季节、分色彩、分风格给出真人示范搭配，配上优美、清新的文字是她最喜欢看的。在这之前，王杰发现有些企业只注重图片，对配图文字并不重视。这件事之后，王杰在给一家服装企业做微信营销培训时，特地把这一点传达给了这家企业，企业根据指导意见对推送内容进行了改进，效果果然很明显，没多久，该企业就多了一批"铁粉"。

如果你也是做微信营销的，就应该时刻有意识地关注身边正在使用微信的人，看看他们在看什么内容，什么样的内容是他们感兴趣的。

第三步，所写的文案要有创意，巧妙引导客户。

很多人在写营销内容时，习惯于用"关于×××"之类的表述方式，老实说，这种语句让年轻人提不起任何兴趣。就拿雨伞企业做例子吧！

阿明在微信上发布雨伞促销信息，他写了一段这样的文案："××牌雨伞限时促销，专卖店价格199元，现价99元，仅限三天，欲购从速……"然后留了一个网址完事了，结果可想而知。

阿明的朋友对他这个文案进行了分析，没有多少对顾客的引导，纯粹是在靠价格做诱导，一点创意都没有。于是，在这个基础上，朋友帮他设计了新的文案："还有10天，就是'雨神'萧敬腾的演唱会了，朋友们都知道，看雨神的演唱会一定要准备的神器就是'雨伞'。萧敬腾不仅歌声美妙，而且品位超凡，他最喜欢的雨伞就是××牌雨伞……"这次虽然还是那个链接地址，但是通过后台监测，阿明发现，进店转化率高达85%，购买转化率高达50%。同样的活动，不同的文案，就会产生不同的效果。

第六章

网络视频，
体验式跨界营销

随着网络的普及，越来越多的人放弃了电视而选择网络视频APP来观看一些电视上没有播出或播出时没有来得及观看的节目。这些现象和相关调查数据均表明，网络视频的传播效果非常理想，并且能够帮助企业锁定部分消费人群。

第六章 网络视频，体验式跨界营销

1. 投其所好，直击视频的创意

曼秀雷敦一直是年轻人所喜爱的品牌，而OXY则是曼秀雷敦的一个少男专属的护肤品牌，其目标群体锁定的是一群年轻的"新新人类"。OXY将夏季作为品牌重点的推广季节，采用了创新的网络视频推广形式，吸引了更多年轻人的注意。同时这样的宣传方式又非常符合OXY的品牌特征，使得曼秀雷敦成功地完成了此次宣传。

曼秀雷敦根据OXY目标消费群体的定位，进行了一次消费者调查和市场调研。通过这些调查及分析，曼秀雷敦充分了解了这些OXY目标消费者——新新人类的心理特征和消费特征。

这些新新人类具有比较强烈的玩乐诉求，他们热爱游戏，热衷"追美女"等话题。此外，这些新新人类更喜欢网络生活，在进行网络活动的同时伴随着强烈的"主动""参与""传播"的这种网络社会化行为。

曼秀雷敦根据这些对目标群体的调查结果，制定了此次营销活动的策略。最终曼秀雷敦决定采取新的网络营销策略，利用网络视频的力量。这个策略也比较符合目标群体的心理特点和网络行为特点。因此，曼秀雷敦着手拍摄了新版的"追女秘籍",视频直击男孩非常感兴趣的"追美女"话题。

曼秀雷敦制作的这则视频主要以"追美女"的故事情节为基础,这样的话题易受男孩关注。曼秀雷敦一共制作了4部不同的视频,讲述了追求不同类型女生的方式。在视频中既运用新潮有趣的方式追求女生,又非常巧妙地将曼秀雷敦的OXY产品信息进行植入。这些视频在土豆网上发布后,引起了对此片感兴趣的男孩们的关注,并且引发了视频在媒体上的病毒式传播。为了更好地传播,激励土豆网网友多多转发视频,曼秀雷敦还设置了OXY"追女秘籍"的扭蛋机互动抽奖活动。

此次曼秀雷敦选定了土豆网作为活动唯一合作方,并且联合了土豆网搭建活动的MiniSite(迷你网站)。在MiniSite中嵌入了这4部视频,并为视频分别取名为:"变身王子打动学妹芳心""索女难追?看型男出招""让潮王范儿折服的秘籍""御宅史上最牛追女圣经"。这些名字都非常具有娱乐性,从名字中便可以看出各个视频都具有各自的特色,也都非常符合时下新新人类的审美。

在视频传播过程中设立的"扭蛋"抽奖活动极大地激励了网友们积极转发视频的热情。具体来讲,参加"扭蛋"抽奖活动是通过观看视频和转发视频来累积积分,然后用积分换领抽奖机会,在参加抽奖活动之前,网友还需要先登录注册成为会员。在这个步骤中,无论土豆网还是曼秀雷敦品牌方都可以获得注册会员的资料。

由曼秀雷敦OXY主创"追女秘籍"的系列故事短片,将OXY的产品信息与故事情节进行了巧妙的结合,这样既能避免硬性广告植入引起网友的反感,又可以提升OXY的品牌好感度,同时可以拉近与目标群体之间的距离。

曼秀雷敦推出的视频广告突出了新新男孩们感兴趣的话题,运用了他们最喜欢的宣传方式,将产品信息植入视频中,获得了良好的宣传推广效果。

曼秀雷敦OXY"追女秘籍"主题活动举办仅仅一个月的时间,便在土豆网上聚集了众多粉丝,获得了1万多注册用户。而公司所拍摄的4集"追女秘籍"的视频也创下了总播放量达100多万人次转贴8万多人次的纪录。

(摘自《曼秀雷敦的网络营销分析》)

通过这些数据可以了解到,此次曼秀雷敦的OXY产品的网络营销活动获得了极大的成功。之所以能获得成功的最大原因,除了曼秀雷敦利用了土豆网这个优势平台之外,还在于曼秀雷敦前期精确的市场调研,并给予此项调研结果制定的营销策略。通过新鲜创意的视频带给消费者新鲜感与愉悦感,这些都是普通的广告所不能及的。因此,企业在进行网络营销的时候,应该积极针对目标客户群体制订适合的营销策略。曼秀雷敦的成功之处具体表现在以下两方面:

(1)游戏+视频=高点击率

曼秀雷敦的OXY视频的转播获得非常高的点击率不仅仅依靠视频本身的趣味性和娱乐性,还在于视频结合了土豆网的"扭蛋"活动,使得观看者主动地、自愿地将视频进行转发、分享。

OXY"追女秘籍"主题活动网页的总流量达到923091人次,而"扭蛋机互动游戏"一共获得总注册人数10122人。这种视频与游戏相结合的方式为曼秀雷敦的OXY带来了高点击率和关注度。

（2）用有限的花费博得超预想的效果

曼秀雷敦的这次"追女秘籍"视频共有4集，针对不同类型的女孩进行拍摄，并且在视频中巧妙植入OXY产品信息。视频通过土豆网进行传播，获得了非常良好的传播效果以及非常高的点击率。

可以说曼秀雷敦的OXY"追女秘籍"主题活动获得的效果比预期的要高出很多，而企业拍摄这4集视频的投入不高，相对于产出来说，是非常令人满意的。

2. 多元化情景体验

联想集团公司是一家极富创新性的国际化的科技公司，由联想及原IBM个人计算机事业部所组成。作为全球个人计算机市场的企业，联想从事开发、制造并销售可靠的、安全易用的技术产品及优质专业的服务，帮助全球客户和合作伙伴取得成功。联想公司主要生产台式计算机、服务器、笔记本电脑、打印机、掌上电脑、主机板、手机等产品。1996年开始，联想计算机销量位居中国国内市场首位，近几年更是发展迅速，一度占据世界计算机销售量第二的宝座。

第六章 网络视频，体验式跨界营销

《司马TA呀》的创意来自年轻白领一族在职场生活中的种种烦恼与困惑，以当下流行的职场生存法则"S.M.A.R.T."为起点，是联想集团与搜狐娱乐公司影视制作团队联合制作的首部网络职场轻喜剧，与网络脱口秀、博客、视频网站等平台联合发布。在帮助初入职场的年轻一代解决工作、生活中诸多心理问题的同时，将产品特性及品牌植入其中，打造与目标消费群体息息相关的"活"的品牌，在协助他们树立职场价值观的过程中也增强他们对产品的信任，实现了从"满足消费需求"到"创造消费需求"的营销转变。

在每一集中，成熟老练的"司马"与他的团队以轻松而幽默的方式演绎着办公室小故事，故事剧情将联想扬天V450笔记本的产品特性转化为职场人生中的应对技巧，在消费者关注剧情的同时自然而然地认同了联想笔记本的价值。

在每一集播出后，都会有大量的搜狐博友撰写博文，在这些博文中会有网友提出的自己的意见和评论，网民不仅仅能够看到媒体所表达的观点，更能够看到身边网友的切身体验。不仅如此，网友们还模仿《司马TA呀》创作出更加富有创造性的主题歌曲以及视频，这些内容与《司马TA呀》轻喜剧本身形成了多元化的职场价值观，从多个侧面加深了消费者对产品及品牌的体验。

同时《司马TA呀》剧组推出网民选拔活动，聘请具有表演才能的热心网友直接参与剧集拍摄并担当重要角色，满足了网友最直接的参与热情。围绕联想扬天V450笔记本，通过四格漫画填词征集等多种形式与网民互动，在保持与前述传播主题一致的前提下侧重于对产品的介绍与推

跨界 营销实战

荐,将前期网民对网络短剧的关注热情与职场生存法则的讨论会聚到联想扬天V450笔记本电脑之上。

(摘自《<司马TA呀>网络营销案例分析》)

将一个网络流行话题打造成一部流行短剧,将一则职场生存法则拟人化为一个虚拟人物,将一款IT产品附加上与消费者生活工作相关的心理价值,联想《司马TA呀》传播案例充分运用了多种媒介的不同特性。

《司马TA呀》的男主角司马是一名公司职员,为了应对职场的种种压力和烦恼,整天周旋于自以为是的上司"老夜"和不同性格的同事夏荷荷、星仔、无双等人之间,从而发生了一个个轻松诙谐的小故事。《裁员风波》《"娇"通法则》《喜怒哀乐囧》《我的决定,我做主》等故事生动再现了当今职场的现实状况,将"团队精神""沟通技巧"等职场人生哲理巧妙植入其中,从而吸引目标受众的持续关注。

《司马TA呀》的制作和传播过程凝结了传播理念、推广方式和营销理念的创新,并且以消费者洞察为创意出发点,很好地带动了目标受众的参与热情,在搜狐这个整合营销大平台上,实现了各个环节的无缝链接,从而取得了出人意料的传播效果。

《司马TA呀》的成功首先是核心传播概念的创新。此次营销活动的创意团队将职场规则"S.M.A.R.T."巧妙地音译为"司马TA",并以此演绎出易于被消费者接受的轻喜剧,巧妙的创意决定了这一营销案例的不同凡响。其次是推广方式的创新。以职场轻喜剧为传播主阵地,同时借助《司马TA呀》主演大鹏所主持的网娱节目《大鹏嘚吧嘚》,在网民间进行深度二次传播,再配合

第六章　网络视频，体验式跨界营销

搜狐论坛上的话题引导，通过网民之口，将"司马TA"这个词衍生成一种全新的工作价值观和一种职场现象，并通过对职场现象的深度讨论，有层次地将其的传播影响力一波接一波地扩散开来，搜狐在推广方式的把控上很到位。再次是营销理念的创新。多年的营销经验以及对网民需求的洞察，使得搜狐在网络营销理念上一直处于领先地位，以娱乐化的方式满足网民娱乐需求，在这一过程中将联想V450笔记本的产品形象自然渗透其中，便于消费者认可和接受。

以往的营销策划往往以产品为中心，从产品的特点、优势出发，借助媒体向目标群体发出该产品的设计概念和信息。而《司马TA呀》系列剧却是以洞察消费者行为创意出发点来推广联想V450笔记本。这个剧以职场竞争中白领最关注的话题为每一集的中心，以"S.M.A.R.T."这一职场规则为创意核心，为办公室白领量身打造谐音轻喜剧《司马TA呀》，以观众喜闻乐见的剧情唤起共鸣，引发讨论，联想V450笔记本巧妙渗透其中，消费者在主动点击、自愿传播的过程中对这款产品获得广泛的认知，这是这一案例与以往最大的不同。

《司马TA呀》从与联想和搜狐开始合作到第一集视频上线，前后只用了一个多月的时间，速度之快、质量之高大大出人意料。围绕视频传播的相关营销环节也设置得很好，这得益于搜狐丰富的产品线、专业的娱乐公司、过硬的专业团队在各个环节的通力配合，也体现出搜狐在资源调配上的高效率。这是一次真正的整合营销，各个环节很好地实现了无缝衔接，体现了搜狐团队的成熟和不俗的执行力。

跨界 | 营销实战

3. 幽默的一对一客户服务

长虹电子集团有限公司始创于1958年，公司前身国营长虹机器厂是中国"一五"期间的156项重点工程之一，是当时国内唯一的机载火控雷达生产基地。历经多年的发展，长虹完成由单一的军品生产到军民结合的战略转变，成为集通信、网络、数码、芯片、能源、商用电子、生活家电及新型平板显示器件等产业研发、生产、销售、服务为一体的多元化、综合型跨国企业集团，逐步成为全球具有竞争力和影响力的3C信息、家电等综合产品与服务提供商。2005年，长虹跨入世界品牌500强。

随着一部时长5分钟的《上海女雷倒北京男》的视频短片在各大视频网站上播出后，该视频一时间人气居高不下。在百度里搜索"上海女雷倒北京男"的关键词，相关网页的数量已经接近20万个。

在这段视频里，一位说上海方言、穿露背半袖衫的女消费者，正在和一位穿白色半袖上衣与黑色长裤的长虹欧宝丽等离子电视促销员进行一些与电视无关的谈话，内容涉及促销员的年龄、诚信、婚姻以及女消费者的家庭等问题，后来女消费者接连说出了"你也老大不小了，为什

第六章 网络视频,体验式跨界营销

么不找个正当职业,整天在这搞推销,不觉得丢人?""那么大年纪,为什么还不结婚?"等话来,气氛变得很微妙。不料这位长虹欧宝丽等离子电视促销员并未对其表示不满,而是有说有笑地跟她谈论起了比尔·盖茨、迈克尔·杰克逊,甚至现场跳起了迈克尔·杰克逊标志性的"太空舞",女消费者被感染,激动之下竟然把文学大师丹尼尔·笛福的《鲁滨孙漂流记》说成了《杰克逊漂流记》,甚至对促销员表示出了好感。(摘自《长虹:让营销笑起来》)

"幽默"这条主线始终贯穿在这则视频短片中,面对女消费者千奇百怪、与电视销售无关的问题,长虹促销员还能够跟她从等离子电视护眼谈到迈克尔·杰克逊,使得女消费者最终被打动。有营销专家认为:"这就是营销的精髓所在,更是把消费者当上帝这一理论的具体执行示范案例。"

在长虹这段视频之后,网络上又很快出现了其他一些品牌的幽默营销广告。如创维推出的"麦霸促销员",年轻的"麦霸促销员"每次出场都会扮演最当红的网络红人。先是模仿小沈阳,接着又学英国超女"苏珊大妈"。在后来的一个视频里,麦霸促销员更是改编了视频红人"印度F4"的成名曲,一身红色印度长袍在电视机卖场,引得网友拍手叫绝,长虹此段视频的影响力由此可见一斑。

长虹的视频广告在网络的传播上无疑是成功的,该促销员被冠以"人见人爱,花见花开,车见车爆胎,啤酒见了自己开"的"超级促销员",网友们甚至对他进行"人肉搜索"。而事实上,这只是长虹集团营销团队在业内率先推出的"点对点——面对面"幽默营销模式的一个例子。

跨界 营销实战

据了解，长虹的营销团队在接到为欧宝丽等离子电视做营销策划案的任务后，为其进行了细致分析。长虹主推的等离子电视在国内的竞争压力非常大，液晶电视阵营呈市场垄断之势，而等离子电视阵营则摇摇欲坠，因此如果采用常规营销方法，那么实际效果肯定不会理想。摆在长虹面前的无疑是一个残酷的现实：如何在行业发展前景不断式微的情况下，为企业发展谋求新的发展支点，这正是长虹一直苦心思考的问题。事件营销这种低成本投入而又能迅速提升知名度的有效方式，毫无疑问成了长虹最好的营销支点。

最终长虹的营销团队决定采取幽默的方式进行营销，长虹方面认为，虽然采取幽默营销策略有一定的冒险性，很多企业不屑用或不敢用，但如果使用恰当，那么会使平淡的营销活动变得生动有趣，进而吸引消费者的关注。

确定方式后，选择营销事件的"主角"就成为一个重点，在特殊时刻必须使用特殊的营销人员，最终长虹选定了一名以"幽默"著称的首席培训师。

从本次营销活动的最终效果来看，它将欧宝丽等离子电视的护眼功能很巧妙地嵌入进去，使现场的消费者以及视频的观众都能很好地理解和领会长虹自主研发的等离子护眼屏显技术。通过这次营销活动，广大消费者也真正地了解了长虹欧宝丽等离子电视。长虹这种方式确实洞察了客户心理，意在从低层、平民中寻找突破口，利用幽默的方式提高企业魅力。

幽默是一种智慧，如果把幽默带进营销领域，形成幽默的营销风格，那么在激烈的市场竞争中就会多一份获胜的希望。

视频短片中长虹等离子电视的促销人员以良好的专业服务态度、幽默的谈吐、夸张搞笑的肢体动作,打动了前来购买电视的女消费者。不仅众多网友对此视频高度关注,同时也使得长虹新兴的"幽默式营销"方式,得到了消费者的认可和赞同。

营销是经营的关键,成功与否直接影响着经营效果的好坏。利用幽默的展示或风趣的表演引起购买者的注意和兴趣,往往可以达到营销的目的。

据长虹公司透露,因为平时促销人员的工作压力很大,这种幽默式营销方式更加人性化和合理化,不仅有利于促销人员的自我解压,同时还能形成和消费者的良性互动,进一步改善销售厂商和消费群体之间的关系。

长虹推出的幽默式营销在国内尚属首例,被行业专家评为"打破了传统促销过于死板的规则,引领了促销发展的新方向。"幽默式营销不仅是一种新兴的家电行业营销方式,同时标志着新的营销时代的到来。

4. 充分发挥网络直播的特性

2010年10月30日,广汽本田歌诗图新款汽车在上海举办盛大的新车上市新闻发布会,PPTV网络电视(PPLive旗下媒体)作为合作媒体实现了发布会的网络直播。实时播报实现了快速的推广速度,直播视频共享机制实现了密集的网络传播,同时设置个性化官方直播页面,面向广大客户展示实时信息。广汽本田各地特约店通过登录官方直播页面，实现了全国范围内广汽本田新车发布会的同步直播。活动的主题是利用网络电视媒体的直播优势，为"广汽本田歌诗图新款汽车上市新闻发布会"达到更广泛的宣传与推广效果。其核心阵地架设在PPTV网络电视的歌诗图迷你首页上。PPTV网络电视在歌诗图迷你首页上提供整个发布会直播过程，并由广汽本田歌诗图提供网络TVC首播，并通过直播视频共享技术实现多网络媒体平台的同步直播。

当晚会场无网络环境的条件下，PPTV网络电视采用卫星车接收发布视频流作为直播基础，解决网络传输问题，成功地将场内直播信号发布至PPTV网络电视主服务器，完成发布会的网络直播。PPTV网络电视在场内配置专业的技术协调人员及卫星通信员，确保摄像机、卫星、服务器间的信号顺利对接。

网络直播要求在开设专区播放外，还要满足各地特约店内嘉宾通过网络收看到直播，以及其他网络媒体能同步发布的要求。PPTV网络电视特设网上直播专区（www.crosstour.com）作为核心平台，广汽各地特约店通过登录专区即可进行同步观看。在广汽本田官网也设置链接入口，从而实现广汽本田系统的全国联播。另外通过嵌入PPTV网络电视播放器及代码接入的形式，将直播流共享给其他网络媒体，如新浪、腾讯、搜狐、网易、易车网、凤凰网、中国汽车网、太平洋汽车网、爱卡网、网上车市、优酷、土豆、汽车之家、中国网及天涯网等，从而实现全网联播，其影响力达到裂变式扩张效果。

除个性化的专区设置，PPTV网络电视还专门设置首页幻灯作为专区入口，吸引更多的网民与广汽本田同庆新车上市之喜，从官网及其他媒体的直播导流，使专区产生海量的流量。直播结束后，在一定时期内歌诗图的网络视频发布专区继续保留，用户可以继续通过点播回顾发布会现场精彩视频、观看高清广告片等，歌诗图的相关信息得以持续传播，从而影响更多消费者的购车导向。

（摘自《2010年度最佳创新营销案例》）

PPTV网络电视利用自身的技术优势，结合线上与线下直播形式，为广汽本田新产品新闻发布会的传播起到了助推作用，把一场线下小范围参与的活动变成了一个网络多纬度关注的直播事件。整个直播项目通过PPTV网络电视的直播视频分发共享接入机制，使发布会直播跨越媒体界限，并且提高了发布时效，同时也扩大了新车发布的影响力。广汽本田此次活动的成功还表现为以下两方面：

（1）充分发挥网络直播的优势，线上与线下的完美结合

除了PPTV网络电视广汽本田新车发布直播专区，广汽本田各地特约店均可通过接入PPTV网络电视直播专区完成全国范围内的"分会场"直播，为一个直播现场提供数十个"分会场"。发挥网络电视的跨媒体平台优势，即时向新闻媒体以及其他网络媒体提供直播视频链接以发布实况，达到多平台传播直播视频的规模化效应。

（2）不受限制的视频直播

在歌诗图的新车视频发布中，广州本田运用了卫星直播的辅助方式，解决现场的网络传输问题，让直播不受时间和空间的影响，这样可以满足新品发

布的及时性与广泛性的需求。

5. 主题剧场的精准营销

马自达汽车公司创立于1920年，1931年正式开始在广岛生产小型载货车，20世纪60年代初正式生产轿车。在20世纪90年代之前，马自达汽车公司在日本国内排名仅在丰田、日产之后，也是世界知名的日本汽车品牌之一。最初马自达汽车标志图案中的"m"就是松田拼音的第一个字母，采用英文拼音"mazda"为其标志。自马自达与福特合作之后采用了新的标志。崭新的设计图案意味着马自达要展翅高飞，不断技术突破，以无穷的创意和真诚的服务，勇闯车坛顶峰，迈向新世纪。

面对全球金融危机，中国的车市却是逆市上扬，上演了一场轰轰烈烈的购车热潮。但理性的消费者在购车之前，都会对汽车有更多经济性的考量。马自达便在2009年借势推出了其主打的省油车型，迎合了消费者的需求。视频网站PPLive通过深入分析该款新车的目标受众特征，结合自身网络电视平台用户影视剧的收视习惯，专门为马自达开辟了"男人帮"的特约剧场。该剧场针对中、高端收费的男性用户群体，网罗了大量符合该车型目标用户口味的高收视率影视剧集。

第六章 网络视频，体验式跨界营销

同时，PPLive通过精心筛选，精编了数部有马自达品牌出现的热门电影，将整个"男人帮"剧场量身定制成马自达品牌专属剧场，集中覆盖了目标受众。

由马自达冠名的"男人帮"剧场一经推出，网友反映良好。用户在观看影视剧的同时，潜移默化地对"马自达"品牌有了深入的认知，拥有一辆马自达成为众多观看者的一个消费目标。

此外，PPLive还精心设计了马自达的迷你专区，融入大量具有马自达风格的设计，整个专区酷劲十足。其中，特意设计的数个互动小环节，既有趣又好玩。观众们通过简单的互动环节，已经将此次马自达新车型的主要产品特性细节了解得非常清楚。

尽管马自达品牌已经在消费者心目中有了清晰的品牌形象，但依然不能轻易使用传统广告狂轰滥炸式的营销手段。此时，借助网络热播影视剧的方式，将产品理念、品牌形象渗透到消费者心目中，是一种柔和而友好的方式。设立的Minisite将马自达的品牌内涵、产品特性、新车型省油理念等通过有趣的互动环节深层次传达，品牌内涵和理念进一步烙印在目标受众心中。

（摘自《马自达"男人帮"主题剧场精准营销》）

马自达此次"男人帮"的宣传紧贴自身品牌所倡导的理念，通过马自达冠名的"男人帮"主题剧场的推出，网友更加理解马自达品牌的理念，同时对于马自达系列有了更细致、更清晰的了解。

6. 以视频传播激励线上线下互动

上海通用在消费者心目中的印象往往是油耗高、性能不强，因此科鲁兹肩负着扭转上海通用及雪佛兰品牌的历史积累问题的使命。通用希望能够通过科鲁兹来提升品牌的美誉度。

A级车用户追求"现代、有品位、国际化"的生活方式，具有先进的消费观念：紧跟国际潮流，关注理性价值；同时，不以品牌作为身份象征，而更加重视个人对产品和品位的鉴赏能力，自主性强。

同等级别的竞争产品上市较早，品牌优势已深植人心。在网络营销方面已形成固定投放模式，并逐步进入精细划分的促销阶段。

上海通用希望此次推广，在网络中能够达到一鸣惊人的效果，快速提升科鲁兹的知名度，树立起新生代A级车的形象价值标杆，同时，为科鲁兹累积潜在客户资源，从而有效地支持其上市销售。

从广州车展亮相到上海车展上市，历时半年时间，如何在网络上维持新车热度？如何能在上海车展期间，从网络上铺天盖地的新车信息中脱颖而出取得夺目成绩，成为此阶段网络传播需要突破的挑战。

通用决定以"米勒重生"为线索，将网友吸引到对活动的关注中

第六章 网络视频，体验式跨界营销

来。通过活动广告的发布来征集选手参与城市晋级赛并扩大影响。征集到的网友会以城市为单位展开争夺战，获胜者可以参加下一阶段的特训营，并有望成为米勒的援手。优酷对整个比赛过程进行全程报道，扩大此次活动的影响。

对第一阶段比赛选出的选手进行专业的培训，使其可以成为米勒合格的帮手。让他们参与专业的训练有助于他们更深入地了解科鲁兹的运动性能，同时优酷将选手在赛道上训练的情况通过视频报道，呈现品牌的性能。

经过专业训练的选手，在澳门WTCC赛道上进行决赛，并对澳门WTCC赛事进行观摩。优酷对这一赛事进行全程直播，而所有的悬疑都将在这一阶段揭开，将活动推向高潮，深化品牌的故事性传播。

（摘自《雪佛兰CRUZE网络营销案例分析》）

通用充分利用了视频的优势，很好地展现了活动的趣味性及科鲁兹的产品特点，为销售奠定了良好的基础。具体表现为以下两方面：

（1）利用视频展示科鲁兹的特性

优酷网的拍客全程跟拍了科鲁兹的线下试驾活动，并制作了视频专题，展示现场的精彩花絮。这些视频累计播放次数达到近40万次。

选取视频媒体、IM软件等传播渠道，通过视频传播方式，用多个生动的视频来表现科鲁兹的超强操控性能，同时为科鲁兹的全球试驾活动与全球同步上市进行铺垫。吸引用户到科鲁兹的官网，观看更多"表现"视频。

同样,用视频传播将"表现"进行到底。吸引跟随试驾活动网友的眼球,将试驾活动举行在触手可及的地方,层层吸引、层层引领。每场试驾活动结束后第一时间,紧跟内容营销步伐,对试驾活动进行后续网络传播。同时,通过汽车、娱乐等多种类论坛,向网友抛出疑问:听说科鲁兹在寻找国际巨星代言,会是谁?而为之后的网络活动埋下伏笔。

利用多个门户及视频网站富有创意的广告形式串联,作为对广告创意的延伸,以最直接的方式撼动用户视线。

(2)名人博客模板图的应用

此次通用采取名人博客模板投放,以"全球共享此刻激情"为主题,利用名人效应吸引网民关注,为后期推广预热聚集大量人气。

广州车展前期,在常规的网站首页放置异型浮层的同时,另辟蹊径,大胆采用名人博客更换模板图方式,选用李承鹏、黄健翔、董路、洪晃、当年明月这些"个性张扬、善于表现自我"且具有影响力的名人博客,配合有视觉冲击力的推广,累积消费者对科鲁兹的好奇,并确立科鲁兹在消费者心目中的品牌定位。

利用最能够生动体现产品优势的视频媒体及网络人际传播链,将大量视频资源在线上进行传播,同时告知线下试驾活动,引发网民关注,从而使线上线下达成联动效应。

参与线下活动的选手共同的感受是,活动设计巧妙,趣味性浓厚,以前从未体验过这种极具故事性的试驾活动。相对传统试驾活动,科鲁兹此次活动不但悬念迭起,而且能够通过专业的比赛来深刻感受科鲁兹的运动特性,比赛的激烈程度超乎想象,也是对个人技能、毅力和心理素质的极大考验,不少参与活动的选手大呼过瘾。

7. 多媒体平台相互结合

必胜客推出系列商务午餐，针对白领上班族。然而午餐市场竞争激烈，各商家都争相叫卖"便宜""丰盛"的套餐搭配。必胜客从定价和品种数量上的限制都令其产品并不具备绝对优势。怎样才能从花样繁多的商务午餐市场脱颖而出？要用什么独特卖点吸引外出午餐的白领？

白领上班族对午餐最在乎的是什么？调查数据显示，白领外出就餐，不光是为了填饱肚子，更希望能享受一个轻松、愉快的午间时光。于是，必胜客午餐找到了独一无二的卖点：必胜客不仅卖套餐，我们还卖八卦！

上海电视台推出的"上班这点事"在2009年成为全中国收视率第一的职场八卦脱口秀栏目，其中嘉宾名嘴广受上班族的喜爱。必胜客请来"上班这点事"原班人马，把脱口秀直接搬去必胜客餐厅，听八卦天王天后边吃边聊！因此就出现了"必胜客+职场八卦=午餐这点事"。

（摘自《必胜客营销案例分析》）

必胜客通过宣传,有570多万人观看了其脱口秀视频短片,而且有100多万人参与了与视频相关的投票。必胜客所推出的商务套餐产品知名度在短短一个月内迅速提高,调查结果显示,消费者提及度高达40%。

必胜客的营销为什么会如此成功呢?

(1)网络传播与电视节目植入相结合

必胜客分别以白领最关注的"加薪""请客吃饭""午餐约会"为话题,与"上班这点事"剧组合作,拍摄了三集脱口秀节目短片,吸引了广大白领的目光,引起了广大白领的兴趣。

(2)视频网站中的播客

三集短片分阶段逐条投放到较具人气的视频网络媒体土豆网和优酷网,并进行了病毒式的传播,达到了传播覆盖面的最大化。

(3)成立与宣传主题相关的网站专区

在必胜客官网、土豆网和优酷网上同时开设MiniSite专区,为白领提供实时八卦评论的互动平台,迅速集聚人气,并得到大量的免费传播。

(4)宣传中注意与观众互动

在互动专区里以投票方式,直接向消费者征集最受关注的八卦话题,作为下一期"午餐这点事"的主题。

(5)网络广告扩大了宣传的覆盖面

网络广告以时下互联网最能吸引大众的标题,配以短篇节目中主持人的漫画形象,吸引网络用户点击访问。

第六章 网络视频，体验式跨界营销

8. 靠创意提高点击率

美国金佰利公司是世界级家用纸类、无纺布及吸水体方面技术的创始者，在130多年的创业历史中拥有众多的发明成果和世界首创。其三项核心业务遍及全球：个人健康护理用品、消费者用纸巾产品和非家用类产品。

此次在中国市场推出"瞬吸蓝"卫生巾，借助网络视频的活动使瞬吸蓝的信息迅速传递给目标消费者。

瞬吸蓝在校内网推出一款网页游戏叫作"Magic Blue鲨鱼大作战"，被90后女孩评为至爱的网页游戏第一名。用瞬吸蓝卫生巾吸水，帮助Magic Blue逃过鲨鱼的尖牙和大口！这新玩法非常地新鲜，但是也正因为如此，吸引了很多的目标消费者。

这个游戏与80后喜爱的大富翁里的接金币很神似，但大富翁是骰子决定命运，能赶上一次接金币的概率很小，可这个小游戏随时都能玩，而且创意巧妙，连卫生巾都拿来做游戏了，校内的女生被吸引进游戏的一大片。因此"瞬吸蓝"的好友在短短时间内已超过千人。瞬吸蓝超强的吸水能力居然能以这种形式表现出来，因此Magic Blue被评为"本年度最佳创意超Q人物奖"。

瞬吸蓝还借势推出了视频广告，主要人物还是网页游戏中的主角，还是将瞬吸蓝的超强吸收能力作为宣传重点，而被打败的仍然是可怜的大鲨鱼。这则广告随着网页游戏的火爆也获得了非常高的点击率。

同时，瞬吸蓝推出以Magic Blue为主角的爆笑漫画剧颇受网友好评。总体来说，这是一个集聚青春、悬疑、推理、爱情于一身的动画片，剧中的漫画人物Magic Blue是乐于助人的20岁青春美少女，身怀绝技，其特殊武器是瞬吸蓝卫生巾。这样的动画片也吸引了好多年轻女孩子的目光。（摘自《2009网络营销十大经典案例》）

瞬吸蓝根据自己产品的特点采用极富创意的广告形式，并且在目标受众比较集中的校内网中进行投放，因此获得了较高的点击率。它的成功可以总结为以下两点：

（1）创意+搞笑=高点击率

瞬吸蓝所投放的游戏和广告都兼具了出人意料的创意和令人捧腹的搞笑点。因此，在观看的时候很多人都会不自觉地想要与朋友们分享这样一则非常有意思的信息。而基于校内网这样的平台，想要与朋友分享资讯又是非常简单方便，因此，瞬吸蓝便水到渠成地获得了很高的点击率。

（2）创意的可持续性

这样的广告创意还具有可持续性，瞬吸蓝发掘了各种动漫形象，将这样的创意接续不仅有利于巩固已经成为消费者的群体，还可以吸引更多的消费者，并且有利于品牌树立其时尚、新鲜的内涵形象。

9. 一种复合式的宣传方式

2009年诺基亚在推出新型手机时采取了与以往不同的宣传方式，找到当时因为在"春晚"上以神奇魔术亮相而大受欢迎的刘谦进行宣传。

诺基亚在北京举办的"手机魔术"见面会上宣布聘请台湾魔术师刘谦作为诺基亚N85、E71、E66手机的形象代言人。在见面会上，刘谦还与大家一起分享了他的手机魔术。

后来，诺基亚在网上发布了一组名为"刘谦最牛街头魔术"的视频，在视频短片中，刘谦以街头表演方式让金鱼、别针、信封、信鸽等在诺基亚手机N85及E71当中自由出入。

为了充分表现出诺基亚手机强大的融合功能，刘谦在视频短片中充分发挥其魔术天分，让诺基亚N85、E71等手机瞬间成为像哆啦A梦的百宝囊一样的神奇之物。

在其中的一段视频中，刘谦把路人身上的胸针通过拍照功能变入诺基亚N85手机当中，令人更惊奇的是胸针的照片变化成小金鱼在手机中自由游戈。最后，刘谦又运用了他的"神奇魔力"将手机中的小金鱼倒入水杯中。

这样充满创意的街头魔术表演视频在网络上获得了巨大的反响，这则短片多次在优酷、土豆等主流视频网站上占据点击率的前茅。网友争相将视频转载或者发送给亲朋好友，并且一起讨论刘谦如何利用一部诺基亚手机完成这个神奇魔术。据统计，该视频自2009年4月21日在网上曝光之后，在短短一周的时间内用户点击量就已经超过了1000万次。这样的点击率使得诺基亚新型手机在上市之初就和魔力、时尚、多功能等联系在一起。

（摘自《创造手中奇迹 诺基亚/刘谦"手机魔术"》）

网络视频已经成为网络主流的应用服务，而且对于年轻人来说，网络视频更是他们的一种主要的娱乐方式以及获取资讯的渠道，甚至是社交行为的一部分。诺基亚与刘谦合作的视频正是其尝试与消费者有效沟通的又一次创新，具体表现为：

（1）将手机与魔术结合，展现强大功能

诺基亚通过巧妙的创意让其新型的手机成为刘谦街头魔术表演的灵魂，以极具感染力的内容充分表现诺基亚手机强大的融合功能。

（2）借助名人的人气，达到病毒式传播的目标

借助刘谦的极高人气以及网络视频的强大传播力量，加之网友们的主动传播，在网络上取得巨大反响，诺基亚的"手机魔术"也形成了风潮。同时，

诺基亚还设立了活动网页,使网络视频形成了一种复合型的宣传方式,使得消费者成为"创造手中奇迹"的一部分,以其创新营销完成与消费者的一次有效沟通。

第七章

社交媒体，
跨界传播引爆点

社交媒体是在智能化产品兴起与发展下，促成的多元化的媒体。企业宣传深入社交媒体，尤其是深入一些流行、热门的媒体进行跨界传播，那么更易提高产品的知名度。

第七章 社交媒体，跨界传播引爆点

1. 与网络社交平台合作

百事可乐是百事集团旗下的著名饮料品牌，是世界上最为著名的两大可乐品牌之一。百事可乐向来给人以领导潮流的感觉，还拥有百事蓝色家族为其做代言，蓝色家族成员全部是当红的明星。近年来，百事一直在积极地实施本土化策略，结合中国社会文化的发展趋势及年轻群体的特点，实施亲民的"草根营销"策略。百事可乐力图通过各种宣传活动将百事可乐的品牌精神进行宣传，让消费者对这种自由、创新的品牌精神有所了解。

2007年，百事可乐借助"百事我创，我要上罐"这个大型选秀活动在全国范围内掀起为中国队加油的声浪。百事可乐号召大众将自己在近期内拍摄的、以"为中国队加油"为主题的个人照片上传到网络平台，在经过网友投票和层层筛选后，选出的前几名参赛者，获得成为"中国队百事纪念罐"的上罐英雄。该活动是百事可乐策划的年度网络活动，主要针对百事可乐的目标客户即中国市场中的80后，这些80后的主要特点就是非常在意自己网上的小天地，如博客、帖吧等，并且喜欢新奇的事物和张扬个性的活动。对于这些80后来讲，上传照片没有任何困难，而他们在网上也有很多的亲友团,为了获得能够与百事可乐的蓝色家族中的各位明星同时出现在百事可乐罐身上的机会,这些80后都会努力号召自己的亲友团为自己投票,这样就形成了巨大的网络参与度。

百事公司与著名的网络社交平台51.com联合,在活动推广时期只要登录51.com就可以通过各种方式获知百事的这项活动,而对于报名参赛的选手,51.com会自动为其形成一个博客,上面写着"支持我,成为百事明星"。

百事可乐通过这个活动吸引了众多80后的参与,该活动依靠着在社区网络中的人际关系在网络中迅速传播,以超高的人气和信息的扩张使活动取得了非常广泛的知名度和参与度。

在活动结束之后,百事可乐举行了一场声势浩大的新闻发布会——"百事13亿激情发布会",主题是"13亿激情敢为中国红",在这次活动中隆重推出此次活动的红色纪念罐。

在这个"上罐"活动中,百事可乐除了进行常规的新闻宣传外,还设计了许多可以引起讨论的话题。例如,很多人都知道百事可乐最大的竞争对手可口可乐向来都是以红色为主色调,而百事是以蓝色为主色调的,但是此次活动百事恰恰打出了"敢为中国红"的口号,恰好又符合了为中国健儿加油的活动主题。

为影响活动的核心人群——广大的80后人群,百事可乐还借助校园BBS、博客等媒体进行网络传播,使此次活动的影响力一路高涨。在一个月的活动时期内,一共有133万人报名参加此次的"百事我创,我要上罐"的活动，投票数达到了2亿票。

总结了这次活动的经验后，百事可乐根据2010年中国许多地区都出现了旱灾这一情况，联合中国妇女联合会推出了新一轮的活动。蓝色家族的明星特意拍摄了一组配合活动主题的广告——酷游记。这组新的广告通过各大媒体和网络视频向社会发布，掀起了大家对中国西部水源问题的关注。

与此同时，百事可乐联合当前人气最旺的开心网作为发起活动的合作伙伴，在开心网和百事可乐的官网上发布活动广告——"明星转帖以你命名"，参与者可以选择自己喜欢的明星，并将明星的号召帖转发出去，即为报名参加活动。或者由自己发出有关所喜欢明星的号召帖，并转发出去，也可以视为报名参加活动。活动结束后由百事可乐蓝色家族的四位明星进行抽奖，获奖者可以获得百事公司以获奖者名字捐建的"母亲水窖"的证书。

活动尚未结束时已经有超过600万人参与到这项公益事业中来，百事可乐充分利用了百事蓝色家族的明星效应，激发了广大网民对公益事业的热诚，进一步树立了品牌形象。此次活动充分体现出百事可乐参与社会公益性活动的品牌特性，不仅吸引了广大百事可乐目标客户的关注，还为社会公益事业做出了巨大的贡献。（摘自《百事可乐成功案例》）

百事可乐通过营销创意以及出色的传播技术支持，将品牌推广从原来的单向向大众宣传的广告方式，逐步过渡到网络上全方位的推广。这种宣传方式不仅可以扩大品牌在网络中的宣传效果,还可以通过激发人与人之间的自我传播能力,将活动的受关注程度推向前所未有的高度。

百事可乐通过口碑营销的方式将百事可乐营销创意在网络中进行双向推广,百事可乐充分抓住了年轻人求新求奇的心理特点,利用他们所习惯的方式,吸引了无数网民的关注。其成功之处主要表现在:

(1)通过创新抓住年轻人的眼球

百事可乐从广告宣传到网络营销无不体现了其品牌的创新精神,"百事我创,我要上罐"活动准确地抓住了年轻人追求个性表达的特征,成功地吸引了广大目标客户的注意力,达到了扩大品牌影响力的目的。

(2)利用公益事业增加品牌的价值

在创新的同时,百事可乐也注意到了年轻人对于社会公益事业的关注倾向,推出了与公益相结合的创意广告。这样的方式可以使百事可乐的品牌在消费者的观念中产生良好的社会价值,既增加了百事可乐的品牌价值,也可以赢得消费者的好感。

纵观整个营销过程,百事可乐充分调动了各种能够运用的网络资源,包括交友网站、博客、视频等,赢得了在网络时代宣传战的胜利。

2. 用创新思维使用新媒体

新媒体被美国《连线》杂志定义为"所有人对所有人的传播",它一定会成为企业营销价值链中的重要一环。有权威数据表明,传统媒体的广告到达率普遍呈下降趋势,它们的市场份额正被新媒体形式取代,不过企业界对新媒体的运用还是持谨慎乐观态度。

新媒体最大的优势是受众可以根据自身的需求与喜好主动选择信息,它改变了人们接触信息的方式与习惯,从而令传播进入"小众媒体"和"个性化媒体"时代。

消费者需求复杂化,消费者选择主导性增强,营销传播过程风险增大。新媒体环境下,消费者正积极主动地获取信息。尤其在体验式经济的今天,消费者的媒介选择行为和购买行为在某种程度上不再是因为产品的功能,而是为了体验,为了产品和服务背后的文化价值。在这个意义上,企业的整合营销传播由于消费者需求的复杂性就会受到许多不可控因素的影响。

为了更好地整合品牌内涵,维达公司就果断跨界新的传播手段来提升市场影响力。

维达公司在土豆网上开辟出了一个"维达专区",从2010年8月到

2010年12月，公司借助一系列主题性视频和活动，让消费者成为传播主体和活动主体，很顺利地实现了针对新兴消费群体的有效传播。

维达设计的DIY活动非常吸引眼球，操作起来也很简单，参与者只需上传四张照片，系统就会自动生成以这些照片为画面主题的纸巾盒。这种带有自身标志的DIY纸巾盒不但可以进行自由3D预览和打印，还可以"分享"到SNS、微博等圈子的空间，让相关圈子里的朋友们也通过投票的方式参与到活动中来。在一定时间内，票数最高的人会获得由维达公司为其精心制作的DIY纸巾盒实体商品。

在新媒体基础上设计的这个轻松温馨的DIY小游戏很受欢迎，在推出仅一个月的时间内，就已经产生了上千个参赛作品和超过40万的点击量。（摘自《维达纸巾 幸福营销进行时》）

通过对传播渠道的跨界整合，维达公司不仅完成了品牌上的营销诉求，还获得了关注和可观的销售额，在更加细分和国际品牌挑战更加激烈的市场中，开辟出新的传播通道可以有效巩固企业核心产品的市场份额。

不难想象，这些推广在传统媒介上是很难完成的。

耿老板开了一家婚纱摄影店，由于没有前期的顾客积累，加上选址不理想，生意惨淡经营。因为是小本生意，他又不敢大量地在电视上做广告。

后来耿老板了解到天涯有一个推荐话题的广告服务，于是放弃了正在进行中的网络销售人员招聘工作，与天涯社区签订了这项服务一年的合同。令他没想到的是，只过了一个多月，他的上客量就增加了，而且每周接到的订单数量是以前的好几倍。

利用这种居家式的推荐式广告服务，在天涯社区这样人气旺盛的平台，耿老板提供了与目标顾客期望值相符的服务。由于受众对其服务的性价比的高度认可，所以广告一旦被顾客锁定，成交率就非常高。

与那些赤裸裸的商业广告不同，在独特的网络空间，往往充满情感交流的温馨氛围。由于已经营造了良好的气氛，且基于打造"全球华人网上家园"这个理念，为网友提供情感交流服务的同时也满足受众的需求，同时注重用户体验，其传达效率就很高，这实际上也是传统关系营销的网络模式。

天涯社区把耿老板的婚纱摄影店的广告放在特殊版块，经过常规的推荐、置顶、飘红之后，效果就凸显出来了。再加上节假日等节点所制造的话题噱头，很容易就成了关注热点，有时候一天时间就突破了活动限制名额，一次活动的总收入就超过了全年的广告投入。

耿老板以这个新媒介为载体做了多次活动，参与活动的顾客达到了数百人，店铺净收入超过了20万元。

让耿老板受益最大的是，这些顾客由于享受到了超值的服务，他们口口相传，也让耿老板获得不少商机。

新媒体可以把企业、媒体商、消费者以及潜在顾客聚合在一个有共同价值观的空间里，使企业对推广效果的评估更具有可操作性。事实上，新媒体已经超越了传统媒体单纯的营销传播形式，更加广泛地参与到企业的营销决策和经营之中。这在崇尚体验和个性化的时代下，企业与消费者的沟通更加便捷，关系营销中的关系带更牢固。

企业利用视频推广，可以获得病毒式传播效果。商家制作一段能调动起人们兴趣的视频，将企业营销推广的相关信息植入到视频中，引起受众的共鸣，并得到扩散。例如人人网，由于其用户大都是在校以及刚离开校园的大学生，他们对新事物比较敏感，容易接受新概念，并且大都喜欢群体性消费，其中有不少还是高端时尚产品的潜力消费群体。把目标客户定位在这一群体上的企业就可以在这个平台上进行推广。而开心网的用户则大多为办公室白领，他们往往有着成熟的消费理念，而且通常对品牌有一定的忠诚度，很适合为品牌商家做推广。

新媒体传播是一种高度复杂的传播形式，是一个全新的融合的平台，自我传播、人际传播、组织传播、大众传播等都能够在这个平台上找到自己的空间。在没有掌握其规律和特点的前提下贸然出击，只会显得杂乱无章且效果甚微。因此，首先要认清新媒体的一系列特点，如受众范围广、直观性强、交互性强、高效性、高技术性等。

在体验式消费的背景下，创造独特的体验是新媒体的核心优势之一，管理学大师汤姆·皮特斯曾说，"梦想是每一个客户所追求的最完美的体验。"这种特殊的体验正是顾客需求中最核心的内容，新媒体显然迎合了顾客的这种体验需求。

跨界营销就是要破除营销之"界"，破除推广渠道之"界"，让原先有"界"的操作变成正常化动作，跨界新媒体同样也是让营销传播在新的环境下常态化。

不过由于新媒体与公众在话语权上的平等性，较之传统媒体，负面信息更容易对企业形成攻击性，因而企业需要建立完备的营销与公关机制。

用创新思维运用新媒体，企业还可以与传统媒体的营销传播活动结合起来，以进行更有效的推广。

3. 与火炬在线一起做网络宣传

可口可乐是世界知名饮料品牌，号称可乐的正宗发源企业。在竞争激烈的饮品市场中除了不断研发新的更加符合广大消费者品位的饮品，还需要不断加大对产品和品牌的宣传。

腾讯是中国最大的即时聊天平台，可以为各个品牌提供网络宣传的平台。

2008年3月24日是万众瞩目的一天，在那一天北京奥运会的圣火在奥运会的发源地古奥林匹亚遗址上点燃，并开始了第29届奥运会圣火的传递。在同一天，作为奥运会赞助商的可口可乐公司携手腾讯策划的"可口可乐奥运火炬在线传递"活动也正式拉开了帷幕，开始了奥运圣火的网上传递。

这个活动只需要参与者拥有QQ账号，并用手中的鼠标轻松点击便可以参与到在线火炬的传递中来。未成为火炬手的QQ用户可以接受已成为火炬手的QQ好友的邀请，点击接受好友的邀请，就相当于接过了火炬。之后再将火炬传递给未参与火炬在线传递的QQ好友，就相当于将火炬传递出去，完成了整个火炬的传递过程，而这个时候也可以获得一个点亮的火炬图标作为标志。即便错过或未收到火炬传递的要求也没有关系，因为QQ用户可以登录活动官网的活动资格争夺区争夺火炬传递的资格。

在整个活动过程中主办方非常注重活动的互动性，8888个第一棒火炬手的选择就是从广大的网民中自由诞生的，而2008位火炬传递大使分别来自参加过"可口可乐火炬手选拔及投票"的用户。这些火炬手来自大众，自然也就更加贴近大众。而每位火炬传递者都是发自内心的，没有产生任何抗拒感而主动将火炬继续传递下去，使得在线火炬传递活动不断地进行下去，最终在线火炬传递的8888条线路一共会聚了6200多万人参与。

这项活动满足了广大网民参与奥运的心理需求，圆了大家的奥运火炬传递梦想。

可口可乐公司在此次活动中还设置了许多虚拟和实物的奖品，凡是成功传递火炬的QQ用户都可以获得奥运QQ皮肤、QQ火炬图标、QQ火炬形象秀等虚拟奖品。而8888条线路的第一棒火炬手可以获得由鸟巢钢制成的可口可乐火炬在线传递的实物徽章。

另外，在此次活动结束后QQ上的火炬手的图标并不会消失，这个火炬

第七章 社交媒体，跨界传播引爆点

的标志代表用户将通过这个熊熊燃烧的火炬支持北京奥运会。这些虚拟的或者实物的奖励，可以使得用户真实地感受到亲身参与了北京奥运的盛事，并且为自己可以为奥运会做点事情而感到自豪。这次品牌宣传，可口可乐在消费者的心目中树立了良好的形象。

也是这次互动体验，在网民中引起了巨大的反响，可口可乐公司打造了一个与其他奥运赞助商完全不同的品牌营销方式，实现了品牌营销的差异化。（摘自《点燃营销2.0：可口可乐在线奥运火炬传递》）

可口可乐公司利用奥运圣火传递的这个契机，通过网络平台，既圆了广大普通网民成为火炬手的梦想，又使得广大网民的爱国激情得到了很好的宣泄，在线火炬传递成为2008年北京奥运会举办期间广大网民表达心中的奥运梦想和奥运情结的很好方式。可口可乐的成功主要有以下两方面原因：

（1）利用腾讯的用户群进行病毒式营销

可口可乐公司巧妙地运用了病毒营销策略，制造了极具吸引力的"病毒""在线火炬"，并通过腾讯这个良好的"病毒传播"平台，将"病毒"迅速地传播了出去，吸引了亿万网民的关注，不仅可以直击可口可乐的目标群体，在受众中赢得良好的口碑，同时也拉近了可口可乐品牌与普通消费者之间的心理距离。

（2）借助重大事件进行病毒营销

中国举办奥运会可以说是近百年来中国人民的梦想，可口可乐通过巧妙的策划成功地借助了奥运的"东风"，凭借国人对传递奥运火炬的热情，将火炬传递到普通消费者手中，并且结合实时的传递活动将事件营销的效果发挥到极致。最终可口可乐取得了非凡的互动宣传效果，使得企业品牌在活动中得到了更加广泛的传播，而可口可乐的品牌形象以及腾讯公司的品牌形象都得到了进一步的提高。

4. 运用多种媒体形式实行整合营销

凡客诚品以服装电子商务为主营业务，2010年已成为国内最大的自有品牌服装电子商务企业。根据相关统计，2010年，凡客诚品位列京东商城、卓越亚马逊、当当之后，居于国内电子商务企业的第四位。其男装日出货量已跻身中国品牌男装前列，在男装直销品牌的细分市场名列前茅，已确立行业领导地位。

凡客诚品提倡简单得体的生活方式，这种生活方式是其品牌精神的主要内容。

2010年凡客诚品的"凡客体"以迅雷不及掩耳之势迅速传遍了网络，这一成功的病毒营销帮助其取得了非凡的销量。

"凡客体"的迅速流传起源于韩寒的一则广告语"爱网络，爱自由，爱晚起，爱夜间大排档，爱赛车，也爱29块的T-Shirt，我不是什么

第七章　社交媒体，跨界传播引爆点

旗手，不是谁的代言，我是韩寒，我只代表我自己"。

凡客诚品自2007年成立网站后，花费了巨额的广告宣传，采用各种网络广告的宣传模式扩大品牌影响力，仅用3年时间，凡客诚品便逐步在网络商界中立稳脚跟。

2010年，凡客诚品选择了韩寒、王珞丹作为其品牌的形象代言人进行广告宣传。而其最新的广告宣传文案便是如今风靡网络的"凡客体"，以"爱……不爱……是……不是……我是……"为基本叙述方式。"凡客体"还在网上掀起了一股PS（图片编辑）的热潮，网友们将能够想到的各类网络名人逐个"PS"了个遍。"凡客体"广告文案受到网民的极大欢迎，也因此成就了凡客诚品病毒营销的成功。

凡客诚品的"凡客体"病毒营销契合了网民的认知特征和网络文化的特点，同时又抓住了网络病毒传播的要点。

具体来看，凡客体的成功关键在于其中的叙事风格符合网络流行的特征。凡客诚品的目标群体是70后到80后，这些人中大部分人是伴随着网络成长的，而且在目前的生活和工作中也都离不开网络。这些人常常活跃在各个社交网站、论坛等网络互动平台中，喜欢发掘新鲜事物，喜欢在网络的论坛中"灌水"，喜欢"特立独行、我行我素"，凡客体平实而直白的话语恰好迎合了他们希望彰显个性的特点。

此外，凡客诚品所选择的代言人——韩寒，也非常符合网络文化的要求。韩寒一向给人以个性率真、独立而张扬、同情弱势群体的印象，而且其所代言的品牌也非常有限，这些都非常符合凡客诚品"大众时尚""与众不同"及"平民时尚"的品牌精神。韩寒的个人形象恰到好处地契合了凡客的企业文化，以他为模板的凡客体真实、自然、不说教，契合了网络自由民主和娱乐至上的网络文化。

因此，"凡客体"自出现伊始便具备了许多网络中流行的因素，其本身就具备了极强的"病毒性"，为其迅速传播奠定了基础。

凡客诚品在宣传中使用了多种媒体组合的广告战略，实行立体营销策略。这样的广告宣传策略使得"凡客体"的营销形成了"多病毒"型的"病毒营销"。凡客体非凡的"毒性"依靠着多媒体的配合，在引发了广大网友关注的同时，也成功地引起了其他消费者的关注，并在网络上放大了其非凡效应，使得"毒性"得以快速蔓延。

凡客诚品为了使更多的人认识自身的品牌，成功抢占了各大城市的公交路牌广告位和地铁广告位，因为这些广告基本都出现在城市白领上下班的必经之地，使得凡客的目标群体随处都可以看到凡客诚品的相关广告。

这些广告也充分利用了"凡客体"在网络中的影响力，人们可以在这些公交或者地铁车站看到韩寒和王珞丹的平面广告，而他们的旁边都配着清晰的"凡客体"文案。

除了利用真实世界中的广告之外，凡客诚品还在豆瓣网中进行"创意帝！豆瓣青年戏'凡客'——PS凡客，送《独唱团》"活动，号召广大网民以"凡客体"为蓝本，按照这样固定的模板进行图文创意。之后由网民对自己所喜欢的某件作品进行投票，得票高者便可以获得韩寒的

第七章 社交媒体，跨界传播引爆点

《独唱团》。凡客诚品同时也在新浪微博中开展了类似的PS作品创作的活动。这些活动都极大地促进了"凡客体"的流行。而随着"凡客体"的流行，也有更多的其他网络媒体对凡客诚品的各种活动进行报道和传播。

通过一系列的操作，凡客诚品形成了真实世界和网络世界的立体宣传局势，立体式的宣传及名人效应，激发了网民的无限创意，纷纷上传自己的PS作品。很多名人"被凡客"，例如郭德纲、黄晓明等娱乐明星，甚至是影视角色灰太狼、唐僧都被PS了一遍。于是一场浩浩荡荡的全民PS狂潮最终上演成一出调侃娱乐名人的"盛宴"。

借助"凡客体"凡客诚品迅速获得了热烈的关注与追捧。但是凡客诚品并没有停下前进的脚步，继续将韩寒为凡客诚品主演的广告视频推向市场，继续提升凡客诚品的品牌形象和知名度，以期进一步提升销量。

除了利用病毒营销之外，凡客诚品还策划了一系列的后续活动，包括一系列的网络促销活动。借助于网络中"凡客体"的威力，凡客诚品的销量也节节攀升。

凡客诚品推出的"VANCL凡客试用啦啦队"活动，只要消费者在网络中填写真实的信息和邮寄地址，就有机会免费获新品试用装。当消费者试用过凡客诚品产品后，会对此次的试穿进行评价，这些评价对于凡客诚品的潜在消费者有着很大的影响。当然，这样的活动是基于对自身产品质量非常有信心的情况，因为只有质量良好，试用的评价才会是积极正面的。

凡客诚品还推出了会员制,凡是订购过凡客诚品产品的消费者都会自动成为凡客诚品会员,而会员无须缴纳任何会费与年会费。凡客诚品还会赠送自主品牌杂志,建立凡客诚品与会员之间传递信息、双向沟通的纽带。会员制使得凡客诚品的消费者有一种归属感,同时也拉近了凡客诚品与消费者之间的距离。

可以说,凡客诚品成功地利用了"病毒"式传播所造就的营销热点,将受众的注意力由"凡客体"转移到了凡客诚品的产品本身,没有浪费这样大好的销售时机。(摘自《凡客诚品的病毒营销》)

凡客诚品的成功经验表明,仅仅有良好的创意还不够,还要注意在整个网络营销过程中的细节,如果不能做到环环相扣,那么轻则损失掉很多大好的销售机会,重则可能会造成品牌形象尽失的严重后果。

5. 精确定位的互动营销

对于企业来讲,营销和创新是非常重要的两个基本职责,而这两者之间又有着很多的关联。创意可以更好地吸引消费者,为企业进行更有效的营销奠

第七章 社交媒体，跨界传播引爆点

定基础。而所谓有效的营销并不是简单地将消息传递出去，而是邀请消费者积极主动地参与整个过程，并从中获取对企业进行下一次营销活动有益的信息，这些信息也可以为下一次创意提供素材。

很多中国传统的服装销售企业并没有很好地跟上网络发展的脚步，很多企业的营销思维还停留在比较传统的框框中，营销手段缺乏创新，营销活动缺乏新鲜的元素，总是觉得要想扩大知名度就应该依赖传统广告进行推广，或者要依靠明星进行代言，似乎一定要聘请知名代言人才能打响品牌。

但是这些在以创意、创新为首的网络营销时代显然缺乏吸引眼球的因素。这种缺乏互动元素的传统营销推广手段带给消费者的往往是审美疲劳。

而优衣库则跳出了这样一个被传统营销思路所禁锢的怪圈，充分利用了网络媒体和新型平台带来的便利条件，充分发挥创新思路，进行了一次成功的网络SNS营销推广活动。

优衣库与人人网联合推出一款Lucky Line的在线活动，此项活动从2009年12月10日10时正式在人人网启动。要参与活动的参与者用自己人人网的账号登录活动页面，之后选择一个卡通形象来代表自己在网络世界进行排队。参与活动者的卡通形象在人人网所虚拟的优衣库店前面排起一串长长的队伍。而排队的目的是为了获得奖励，此次活动所设置的奖项非常丰厚，其中就有学生们都想要的iPhone手机以及各种时尚用品。

活动中一位来自浙江理工大学的大四学生在此次活动中幸运地获得了一部iPhone手机。据这位同学描述，他所认识的同学几乎都在网上参与

221

了这个虚拟的"网络排队"活动。

当然，并不是所有人都能那么幸运地获得iPhone手机，但是除了每天送出一部iPhone手机之外，优衣库还设立了许多其他时尚奖品作为奖励。例如，如果你在队伍中正好排在第10万位或第50万位的话，那么你可以获得价值4999元人民币的旅游券或者由优衣库提供的服装大礼包。奖项设计还有一种类似"阳光普照"奖的奖励，那就是参与者大多可以获得优衣库的九折优惠券。这个奖项的设置让每一个参与者都有所得，使更多的人愿意参与到活动中来试试运气。而每公布一次大奖的名单，就会再一次为这些排队者提供源源不断的动力。

自活动开始，仅仅两周的时间，就有超过11万人参与了这次网络的虚拟排队。而根据SNS的消息传播特点，这些参与活动者在人人网的主页"新鲜事"中会有所显示，这样可以使参与者所有的朋友都能了解到这个活动，通过这样分享的方式，使活动参与人数迅速增长，活动页面常常出现"刷屏"的情况。很多参与活动者都会用"今天你排队了吗？"在网络上问候彼此。

为了保持参与活动者的热情，此次活动不设置排队次数的限制，也就是参与活动者可以通过多次参加排队来增加获得大奖的概率。例如，那位浙江获得iPhone手机的同学就排了19次队。

优衣库还在这次活动中设立了幸运数字的纪念奖，这些幸运数字会提前公布，就如同上文所说的第10万位排队者或者第50万位的排队者，吸引大量参与者在接近的时刻出现"争抢"的局面，也就是短时间内迅

第七章 社交媒体，跨界传播引爆点

速地重复排队。

优衣库还为这些多次参与重复排队的参与者们设立特别的参与大奖，一位来自沈阳的网友第一个完成了排队500次的"壮举"，于是他获得了一份由优衣库提供的装有优衣库20件服装的大礼包。

每天随机抽取的幸运大奖、幸运数字纪念奖以及踊跃参与大奖设立的目的都是尽量使参与者保持持续的热情，而活动中中奖率最高的九折优惠券使参与者有一种不会空手而回的感觉，而对优衣库本身来说，还能很好地把网络中的参与者转化为实体店中的真实消费者，为有效地在圣诞季期间促进实体店的销售业绩而做出一定的贡献。

游戏中奖者的名单都会在参与页面的底部进行公布，并不停滚动播出。人们还可以在人人网优衣库的主页相册中找到那些中了大奖者的照片，那些洋溢着喜悦的脸孔可以鼓励更多参与者继续"奋斗"。

（摘自《优衣库互动营销：排队也疯狂》）

优衣库此次网络活动的创意实际上来自现实生活。由于优衣库品牌极具号召力，每次优衣库在进行周年庆、新店开张、节日优惠甚至新品发布的时候，常常有大批各地拥来的粉丝在优衣库门店前排起长队，似乎排队正在形成一股"潮流"。

优衣库从奖项的设置上本土化，通过市场调查了解对国内消费者比较有吸引力的奖品。另外，在此次与人人网的合作中，优衣库还在游戏里加入了更多的中国元素。为了更加适应中国特色，优衣库在此次活动中共设计了15个场景区块和大约50种排队的人物角色。活动场景设置在北京烤鸭店、大红灯笼、石狮子和小笼包围绕的中国街道上，参与者可以选择的人物形象包括大熊猫、孙悟空、打太极的人及骑自行车的人等，这些卡通形象在极具中国特色的场景中排起长长的队伍，使中国消费者有一种非常熟悉和亲切的感觉。

为了配合此次活动，并给活动造势预热，优衣库在活动尚未开始之前就在许多视频网站上放出活动广告，并且旗下所有线下实体店也开始用宣传册和展板海报进行活动的预告。

这次实体与网络结合的活动引起巨大反响，这不仅仅可以使得优衣库迅速在中国树立品牌形象、扩大品牌影响力，还为优衣库实体门店带来了很多的实际收益。

由于活动中大多数参与者获得的奖品是九折的实体店优惠券，而优惠券促进实体店销售的期望已经超过了增加游戏趣味性的需求，因此优衣库决定将九折券原来只有两天的有效期延长至此次活动结束，这也很好地带动了实体店的销售。

优衣库网络营销创意的成功案例不仅仅是这次的lucky Line，优衣库在2008年制作的一款Flash的时钟Uniqlock，可以作为网页的插件、计算机的屏保或者在手机中运用。这款时钟用Flash的形式每周7天每天24小时将优衣库的广告呈现在消费者面前，几乎实现了网络广告的最大价值。

而优衣库2009年推出的Uniqlo Lucky Switch很好地配合了优衣库2009年年底的清仓促销活动。这个插件可以在用户点击网页上的图片时，显示出一张幸运帖，如果幸运帖中出现了优惠券，那么用户就可以凭借此券在实体门店中进行消费优惠；如果没有中奖，那么幸运帖的图片就会变成优衣库的广告。此次活动最终获得了280万次的高点击量。

就本质而言，优衣库的这些活动都是网络与现实相结合的活动，是一种整合了的新营销方式。优衣库成功的营销给我们以下两点启示：

（1）无论何种活动，赢得用户参与最重要

进行网络营销最重要的是网友的互动参与。优衣库的这次活动就充分利用了新鲜的创意，很好地吸引到消费者参与，并且巧妙利用了SNS圈子的力量将活动消息传播出去，最终取得了线上排队赢取奖励，线下活动促进销售，从全方位进行品牌宣传的效果。

此外，除了"排队+激励"这一形式，还可以在此基础上添加"团购""秒杀"等活动元素。例如，某号码段的幸运粉丝可参与"秒杀"活动，而且可以在某一时间段接受团购申请。将商场的战火燃烧到网络上，这样做能助企业打一场漂亮的胜仗。

（2）创意营销带来的不仅仅是升高的销售业绩

在营销手段越来越趋于统一的情况下，当消费者面对越来越多的选择时，怎样才能在竞争如此激烈的市场中使品牌真正走进消费者心里，并使消费者做出有利于本企业的选择，是很多服装企业要解决的首要问题，很显然进行良好的创意是一剂非常有效的妙方。

创意营销为优衣库带来的不仅仅是上升的销售业绩，还为优衣库品牌树立了特立独行、引导时尚潮流的形象，使消费者对优衣库充满了感性的理解和认识，这样更加有利于巩固消费者对该品牌的忠诚度。

6. 运用多种"武器"进行跨界营销

按照传统的宣传方式，为了将企业推向市场，使更多的人了解这企业的产品、熟悉企业品牌，通常企业都会选择比较传统的媒体进行推广，如电视广告、报纸软文等。可是在网络极为发达的今天，安琪酵母公司选择了网络论坛作为其产品宣传的主要阵地。

安琪酵母公司首先选择了新浪、搜狐、TOM等颇具影响力的社区论坛制造话题。之所以要先从制造话题开始，主要的原因是如果直接发出广告帖的话，那么这种帖子很可能会被各个论坛版主视为"眼中钉"，不能逃脱被删除或者"沉底"的命运，而恰当的话题不会招来删帖的命运以及网友的反感，比较容易使人接受。

所以，鉴于许多关于婆媳关系的影视剧热播，社会上对于婆媳关系的关注度也非常高，安琪酵母公司在网上的各个社区论坛发表了一篇叫做"一个馒头引发的婆媳大战"的帖子。这则帖子以第一人称讲述了一位南方的媳妇和一位北方的婆婆关于馒头而发生争执的故事。

帖子中引用了日常生活中最常见的婆媳之间的矛盾为切入点。婆婆到北京来看儿子一家，儿媳想要在婆婆面前好好地表现一下，准备蒸老公最喜欢吃的馒头，以此让婆婆了解自己的能力，但是由于用的是泡打粉来发面，结果馒头蒸得一塌糊涂。不仅如此，因为用泡打粉发面还引来了婆婆非常大的不满，接下来就是婆媳之间的冷战。

故事发展到这里，看起来好像已经结束了，但是在帖子后半段，故事情节就如同电视剧一样有了戏剧性的转变。婆婆开始教媳妇如何蒸馒头，告诉媳妇不应该用泡打粉而应该用酵母来进行发酵。媳妇在婆婆的教导之下，主动在网上查询到了酵母的功效和好处，而且也学会了如何蒸出老公从小就喜欢的香喷喷的馒头。当然，婆媳间的战争也得到顺利化解。

这则帖子借助着"婆媳矛盾"在社会上的热度，发出之后很快在各个论坛中获得了不少的回响，并且引发了不少的讨论，其中就涉及了酵母的应用。

这时，安琪酵母公司安排专业人士把话题的方向引到酵母的其他功能上去，让人们知道了酵母不仅能蒸馒头，还可以直接食用，并有很多的保健美容功能，如减肥。而发帖的时候正值减肥旺季的六月，于是，这些关注婆媳关系的主妇们同时也记住了酵母的一个重要功效——减肥。

这样，安琪酵母公司达到了其推广宣传酵母产品的第一步，引起了广大网民特别是经常做食物的广大婆婆媳妇们的关注。

安琪酵母公司为扩大论坛中发表帖子的效果，还选择了新浪女性频道中关注度比较高的美容频道，将相关的帖子发布到各个版块中去，其中包括了减肥沙龙版块。果然，有了好的论坛和好的位置，马上引发了更多普通网民的关注。

趁着论坛中讨论的热度未减，安琪酵母公司又在新浪、新华网等主要门户网站发布关于酵母运用的一些相关的新闻，而这些新闻又被网民转到论坛里作为谈资。

通过网络新闻的营销，企业产品的可信度大大提高了。

根据相关的调查，在网络帖子发出后的两个月的时间中，安琪酵母公司的订货电话量陡增，也有越来越多的人搜索"酵母粉"或者"安琪酵母"。这次网络营销使安琪酵母获得了较高的品牌知名度和关注度。

（摘自《"安琪酵母"论坛营销的成功案例》）

安琪酵母公司的这次网络营销可以说战果颇丰，初步达到了推广企业和企业产品的目的，使更多的人了解了酵母这种食品以及中国最大的酵母生产企业。

那么安琪酵母公司成功的经验有什么呢？

（1）准确寻找目标客户聚集的网络平台

安琪酵母公司从自身所经营的产品出发，准确地定位了其目标消费者——家中主要操持家务的婆婆和媳妇，并且在目标客户经常参与的网络论坛中利用时下社会流行的热点——婆媳关系来制造话题，发布有较高关注度的帖子，吸引了大量的目标消费者参与到论坛的讨论中，扩大了话题的影响力，使公司的品牌也随着话题得以扩大而推广。

(2) 采取"潜伏"的办法，不引起网民的反感

安琪酵母公司在进行网络论坛营销时，采取了巧妙植入的方式，在故事中将企业的产品信息巧妙地植入进去，并且在之后的讨论中也巧妙地将讨论的方向引向企业产品信息和产品功效方面，这可以使广大消费者在潜移默化或者比较主动的情况下接受企业的信息，而不会形成反感。

(3) 注重论坛营销的要点，配合推动，扩大战果

安琪酵母公司还采取了多种营销方式联动配合的方式，在论坛发布帖子引起热议的同时，又在门户网站中发表新闻，配合了产品的宣传，达到了协力合作扩大战果的目的。

另外，此次论坛营销成功的另一个比较重要的因素就是安琪酵母公司并不是简单地找到一些ID将自己的帖子进行顶帖或者转帖，而是真正做到了与网民之间的互动，提高了网民的参与度，那么自然也就更好地达到了网络宣传和推广的效果。

总之，安琪酵母公司通过在这些有影响力的论坛制造话题、利用网友的争论以及企业有意识的引导把产品的特性和功能详细地告知潜在的消费者，并且采取多种方式配合进行营销的方式，激发了消费者的关注和购买的欲望。

7. 依靠好友关系链传播

趣多多饼干是卡夫食品有限公司的产品之一，趣多多（Chips Ahoy!）集酥松的奶油曲奇和香醇的巧克力于一身，形成绝佳的美味组合，迅速受到消费者的喜爱。原味趣多多在中国上市后，卡夫又推出了果仁奶油和香醇咖啡口味。

自1963年趣多多曲奇第一批产品在美国问世以来，一直是世界最畅销的巧克力曲奇。1998年来到中国，也受到中国消费者的喜爱。2010年，趣多多选择腾讯作为主要网络合作伙伴，其已深入线上年轻人群的生活。

2009年起，趣多多开始传播身上布满巧克力豆的曲奇人形象，曲奇人以充满喜感的形象出现。2010年，趣多多曲奇人更从好莱坞逃出，被全球通缉。卡夫期待借助腾讯平台，让趣多多曲奇人的形象在目标消费人群的心目中鲜活起来，产生真实的互动体验，传递品牌好玩有趣的精神，并通过活动带动产品的线下销售。

腾讯充分了解网友的兴趣点，为趣多多品牌搭建了一个趣多多追捕曲奇人的在线互动平台。

设计与曲奇人斗智斗勇的趣味体验游戏，网友可通过QQ号一键参

第七章　社交媒体，跨界传播引爆点

与。在社区中追捕曲奇人，通过积攒巧克力豆的方式"改造"曲奇人，获得品牌定制的限量版虚拟形象。腾讯更是深度洞察用户"愿意为特权买单"的互联网使用习惯，网友购买产品不仅可以参与抽奖，还可以获得"复活""保护期"等游戏特权，对线下销售的拉动实现了突破。

腾讯互动活动为用户提供一键登录的体验，免去其他媒体互动需要重新注册的参与门槛和限制，有效降低了参与用户的流失率。

腾讯为品牌定制了五套趣味十足、风格各异的曲奇人虚拟形象，网友可在活动初期将其设定为自己的改造目标，攒豆抢豆，努力赢得全套装备，设置为自己的QQ秀虚拟形象，赢得独特身份，以彰显个性。

一旦设定好改造目标，参与者即可将曲奇人领回自己的空间，以Qzone挂件的形式不断成长。同时可以自动生成一篇名为《谁陪我去好莱坞》的空间日志，赚尽好友的眼球，活动影响力迅速扩散。

挂件状态根据曲奇人积攒的豆数量增加而升级，用户必须精心维护曲奇人的改造成果，积极登录活动平台或者进入好友空间进行抢豆。腾讯在设计活动形式的过程中费尽心思，充分激励网友参与互动，不断升级互动形式，使网友在互动的过程中体验其趣味性和不确定性。更增加"每日领豆"而保证用户持续参与，增加"抢夺装备"和"举报好友"等热门环节使互动形式充满乐趣。惊喜不断，奖励贯穿全程，刺激不间断，在用户参与互动游戏的全程中提供不同的奖励方式，充分考虑不同用户的需求，在不同的互动节点进行刺激，以达成活动的完整性。

活动选择腾讯最受欢迎的虚拟奖品黄钻、红钻等作为奖励，有效激励网友参与。

腾讯总结促销活动的成功经验，洞察网友的心理，创意性地将输入密码兑换特权的形式引用到本次活动当中，为线上线下的整合促销带来了全新的想象空间。

最终网友成功积攒全套装备，即可领取到自己选定的趣多多曲奇人定制QQ秀，并展示在客户端，在好友关系链中持续扩散活动影响力。

许多网友将搜捕曲奇人赢取好莱坞大奖的信息，渗透在用户日常沟通的过程中，趣多多的信息得以准确地送到目标消费者面前。

此次趣多多与腾讯合作的趣多多"追捕令"充分发挥了线上线下的整合力量，突破传统密码促销的单一模式，创意性地将密码与游戏深度融合，以充满惊喜的游戏特权和丰富奖励有效拉动品牌的线下销售。

（摘自《趣多多曲奇人追捕令互动促销》）

趣多多充分利用了QQ的海量覆盖，充分整合QQ聊天工具、SNS社区、Qzone、QQ秀虚拟形象社区等腾讯最具特色优势的平台，在活动初期迅速聚集人气，并利用好友邀请、分享Qzone日志、领取Qzone挂件、设置QQ秀虚拟形象等分享方式，实现用户覆盖率的指数级增长。在整个活动中趣多多与腾讯深度互动，采用当时最热门的"偷菜""抢车位"等互抢机制，强化消费者对产品特性的认知。

活动结束时，该品牌达到了37亿次关注，活动网站流量超过1000万，在活动进行过程中每天平均新增参与用户达4万余人。凡是来到活动页面的用户有超过83.9%的人参与了活动。而且根据对活动数据的统计,此次活动还具有超高的用户黏性,网友在活动页面停留的时间超过同类活动均值的5倍。随着活动的进行,时长缓慢增加,显示了用户对活动的认可。

腾讯好友关系链传播力量是巨大的,此次趣多多"追捕令"的活动中有超过80%的新增用户来自腾讯好友关系链的传播。用户抢豆行为超过2000万次,腾讯网友的活跃互动积极性再次创造纪录。

趣多多在此次活动中所定制的奖品广受网友欢迎。307万人次成功兑换曲奇人QQ秀,60万人使用趣多多品牌QQ秀作为自己的虚拟形象。

趣多多的品牌形象达到1000万次直接传播,其中,品牌壁纸下载次数达到400多万,品牌铃声下载次数400多万。

通过对参与活动的网友调查显示仅有7.66%的用户没有输入过密码。线上互动机制对销售的帮助突破了传统的单一兑奖模式,拉动力彰显无穷想象。高频次重复的抢豆行为强化了网友对产品特性的认知,通过参与本次互动活动,曲奇人与网友之间的互动被强化,网友对曲奇人的偏好度明显提升。

8. 利用社交平台庞大的用户基数

美的一直给人"大品牌、高质量"的品牌形象,"原来生活可以更美的"这句品牌口号可谓家喻户晓。

跨界营销实战

美的为进一步塑造亲民的品牌形象,希望通过以体育营销为核心的推广矩阵,发展延伸"优雅、亲和、创新"的品牌新内涵。体育营销对美的知名度、美誉度及国际化形象的提升都有很大的推动作用。而跳水、游泳运动的优雅与美的品牌的诉求刚好一致。

美的集团希望借助体育营销这一有力的工具,配合2009年上半年举办的全国线下路演活动进行推广,并且在网络上建立一个路演播报及互动参与的平台,吸引白领及年轻消费者参与互动活动,形成线上线下联动。在互动活动中植入品牌信息,深入传播"美的新思,跃动新姿"的品牌理念,延续美的品牌的推广,巩固美的年轻、活力的品牌形象。

活动期望能吸引30万名网络用户参与,以及超过30亿人次的关注流量,通过活动平台的搭建,承载线下活动促销兑换机制的运行。主要关注的重点是美的品牌如何与网络媒体结合,美的品牌信息如何在活动平台更活泼地展现,使美的品牌的新内涵"随风潜入夜,润物细无声"。

为了给2009年罗马游泳世锦赛加油助威,为全国路演活动制造声势,美的与腾讯联合筹划了一场大型网络路演活动。计划跟踪报道线下各城市的路演实况,营造网络互动社区。依靠社区游戏和植入的品牌信息,加深网友对美的"优雅、亲和、创新"新内涵的印象,加大消费者对美的各类产品的认识,从而提升该品牌及旗下产品的美

第七章　社交媒体，跨界传播引爆点

誉度。

选择腾讯作为合作方是由于腾讯拥有庞大的用户基数，其社区的活跃人群与美的品牌的潜在目标受众吻合度较高，都以年轻且易接受新鲜事物的人群为主。通过将腾讯各平台合理组合，最大限度地调动平台资源，将活动的传播面无限拓宽。

具体表现在利用QQ对话框设置广告，以互动的广告形式融合大转盘送奖品的游戏。在"奔向罗马"全Flash首页，运动员奔跑在条条大道中，3个Q版中国运动员的出场使整个画面生动活泼。画面使用美的品牌的主打色——淡蓝，活泼中保持了品牌清新自然的风格。活动还配合了QQ真脸秀，可以给朋友秀出自己与运动员合照的个性真脸秀。美的大转盘中，琳琅满目的家电产品极具吸引力。本次以"奔向罗马——美的新姿冠军助威团"为主题的活动历时77天。活动改变了单纯靠广告告知活动信息来吸引网民参加的推广方式，在项目策划和媒体资源的整合运用上，更多地使用了病毒营销的方式进行推广，取得了预期的宣传效果，更扩大了美的品牌的影响力，确立了美的品牌的内涵。

在此次"奔向罗马——美的新姿冠军助威团"活动结束时，网站浏览量累计达到了1000多万次。广告曝光总量达到200多亿次，广告的点击量超过500万次，通过活动，美的最终招募了48万名助威团成员，吸引了超过500万人对本次活动的关注，而游戏的参与人数达到了51万。

这些数据表明，美的本次活动采用的病毒营销方式与各种媒体的特性非常吻合，活动的关注度、吸引力和传播范围均突破了预期效果。多元化媒体资源的运用、小游戏社区的建立成为SNS社区传播的新方向，引导着网络推广方式不断发展。

（摘自《经典优秀网络营销案例解析》）

活动各个环节运用的策略手段和最终活动效果令人十分满意。腾讯网络平台所呈现出活跃、创新的人群特点与美的品牌塑造的形象新内涵达到了完美的契合。

另外，活动的成功还体现在整体策略的成功，具体表现在以下几方面：

（1）对参与活动用户身份的认同

赋予目标群体独特的身份标志——美的新姿冠军助威粉丝，全民齐振中国水军声威。注册就能成为美的新姿冠军助威团的粉丝，同时领取粉丝专属标志（包括Qzone挂件、QQ秀徽章、QQ秀真脸秀等）作为活动虚拟奖品。在展示个性装扮的同时，让其他好友了解这一活动，并刺激他们产生加入其中的欲望。

（2）采用富于刺激性的激励机制

玩游戏赢虚拟奖品和家电大奖，更有机会畅游激情圣地罗马。用户在注册之后，便可以参与大富翁、大转盘等游戏，通过累积积分，获得助威团成员资格虚拟奖品、家电大奖，与中国游泳、跳水队冠军共赴罗马。更能亲临游泳、跳水世锦赛现场，为体育健儿呐喊助威。这些奖励对于体育迷来讲非常具有吸引力。

第七章 社交媒体，跨界传播引爆点

（3）多元化媒体进行信息传播

利用腾讯的影响力及其SNS平台的病毒式传播。除了依靠腾讯旗下各平台进行信息传播外，更通过Qzone空间、Qzone挂件、QQ真脸秀、虚拟产品等发挥人际传播的辅助推广手段，使活动信息得以在广泛的网络间传播，超越了传统单一的硬广告传播所带来的推广效果。

跨界营销实战

第八章

搜索引擎，
跨界拓展新市场

每个媒体都号称自己适合营销，但搜索引擎最有资格这么说，它不仅仅是一个超级媒体，还因能引导网络用户的搜索需求而具有了新的价值。

第八章　搜索引擎，跨界拓展新市场

1. 搜索引擎营销的一般流程

搜索引擎，一般未经特别说明是指全文索引引擎，即收集了互联网上千万到几十亿个网页并对网页中的每一个文字（关键词）进行索引，建立索引数据库的网页系统。国际最大的全文搜索引擎是Google（http：//www.google.com），国内则是百度（http：//www.baidu.com）。

当我们输入某个或某几个关键词查找信息时，搜索引擎会在数据库中进行搜寻，如果找到与用户要求内容相符的网站，便采用特殊的算法（通常根据网页中关键词的匹配程度、出现的位置/频次、链接质量等）计算出各网页的相关度及排名等级，然后根据关联度高低，按顺序将这些网页链接返回给用户。

（1）百度搜索推广操作流程

根据百度搜索推广官方说明，简要操作流程如下：

①基本申请流程

a.登录百度推广管理系统，注册百度推广账户。

b.登录百度推广管理系统，提交相关资质证明，签订服务合同，缴纳推广费用。

c.添加关键词。请在百度推广用户管理系统中添加关键词，撰写网页标题及描述等信息。

d.百度在收到合同、资质证明和相关款项，并确认你的账户内已添加关键词后，两个工作日内将审核通过你的信息。审核通过后开通账户，即可开始进行推广操作。（摘自《百度文库》）

②优化"推广单元"基本操作

"推广计划"和"推广单元"是百度专业版引入的一个新的概念，在Google中对应的是"广告系列"和"广告组"，我们通过百度官方提供的拓扑图可以看出两者的关系。

对推广单元的结构进行优化，很大程度上能够提高竞价广告的质量度。其实道理很简单，结构优化的推广单元有利于用户搜索的准确性，从而提高企业广告的点击率和转化率，当然也有利于提高百度的广告收益率。满足三方利益，你自然排在优势的位置。

推广单元由"关键词"和"创意"组成，可采用如下途径进行优化：

a.合适的关键词数量和关键词分类

在每个推广单元中的主关键词数量保持在5～15个最佳，推广单元里的关键词必须是同类型的，也就是同一推广单元中的关键词应共享同一词根，热词和长尾词要分开来放不同的推广单元，以免一些冷门词由于点击率低而影响到整个推广单元的质量度。

b.撰写有质量的创意

在每个推广单元中"加长创意"和"标准创意"各两条，在撰写创意的时候要注意在创意里包括关键词组中的词根。广告创意的撰写一定要体现搜索关键词的相关性，这里根据个人投放的经验建议采用如下方法提高创意的相关性：

·加长创意　标题为20个字以内，在标题中出现1~2次的词根为佳；创意描述在100个字以内，能出现2~3次的词根为佳，确保做到语句通顺。

·标准创意　标题为13个字以内，在标题中出现1~2次的词根为佳；创意描述在36个字以内，能出现1~2次的词根为佳，确保做到语句通顺。

在创意中用通配符把词根标示出来，在撰写创意的时候要注意拿其他关键词替代通配符，确保阅读通顺。另外，注意要把最长的关键词带入创意中，同时还要查看创意是否过长，是否能正常显示，以便及时调整。

c. 让URL发挥最大的效用

在每个创意显示的URL（统一资源定位符）中用大小来方便用户记忆。当然也可以把电话号码写在URL中，比如www.sem.com这个域名，我们可以编辑为www.sem.com / Tel：88668866，这样既把域名根据字节进行了分割，方便记忆，也把电话号码从有限的创意文字空间中释放出来，以便用在更有效的广告撰写上。

③关于制作专题广告页

着落页（即关键词引导进入的首页）的优化不仅影响竞价广告的质量度，还影响网站访客的跳出率（某个时间段内，只浏览了一页即离开网站的访问次数占总访问次数的比例）。在专题的设计上使用和推广单元同样的词根作为专题的中心，在专题中突出优惠和优势，能够引导访客进一步点进二级页

243

面，这样的专题才是成功的。专题一定要能方便返回首页或者上一级页面，否则当访客想要进一步了解的时候，只能转身离开。

④通过提高价格上限来提高质量度

新广告上线，百度起初分配的质量度默认都是相同的，我们可以通过提高起步出价来让广告展示在优势的位置，从而得到高点击率，以提高质量度。当通过一段时间质量度得到相应提升以后，可以参照平均点击价格来进行出价的限制。一般出价为平均点击价格的110%~150%，这要根据关键词的商业价值来决定。另外，在搜索引擎投放方面，我们常在一个新的广告上线以后，让多个朋友搜索词根并点击广告，在短时间内提高广告的质量得分。

⑤合理分配搜索广告和联盟广告

根据经验来讲，假如有联盟广告的投放计划的话，建议投放预算不超过搜索费用的1/4，单次点击的价格也要根据商业价值来决定。在联盟广告的投放方面，应多展示图片、动画等形式的广告，以代替传统的文字广告，因为图片、动画等广告形式对企业的品牌传播也有一定的效果。

⑥账户的监控与优化

在监控和优化关键词广告的时候，往往以点击率作为衡量投放是否良好的标准。依据以往经验，点击率低于0.1%的关键词必须删除。

a. 对广告进行分割测试，提高广告转化率

广告是写给客户看的，因此让客户对广告进行投票是最好的方法。我们可以撰写两个创意A和B，先展示创意A一周或者半个月，再展示创意B一周或者半个月，然后比较两个效果，从中挑选效果好的展示，之后再设计一个创意

来尝试打败那个效果好的，保持不断更新、不断淘汰，逐步提升推广单元的营销效果，从而提升广告的转化率。

b. 不断调整细分关键词

通过投放的数据报告，将广告单元中流量高的关键词提取出来，挖掘相关的长尾关键词，然后把它们重新投放到新的推广单元中去，重新撰写一个相关的创意，这样就能够不断扩展推广单元，同时也提高了关键词的质量度。

c. 广泛匹配的时候添加否定关键词

我们在使用广泛匹配的时候常常会匹配到某些无关的关键词上，这样就会带来很多的无效点击。我们可以根据网站流量统计报表及时发现无效流量关键词，及时添加否定关键词，以减少广告浪费。

d. 挖掘和添加长尾关键词

我们在投放关键词的时候不可能一下子找到所有的有价值的关键词，除了核心关键词外，还有许多的长尾关键词需要我们去挖掘。挖掘的方法有：通过流量统计报表；通过分析词根的方式来研究用户的搜索方式，从而挖掘更多的长尾关键词，以对长尾关键词进行补充。通过对长尾关键词的补充，一方面可以提高广告的相关性，另一方面也可以在一定程度上降低点击成本。

2. 常见的信息搜索方式

搜索前先思考进行信息搜索的必要条件：搜索引擎本事再大，也搜索不到网上没有的内容，而且有些内容虽然存在网上，却因为各种原因而成为漏网之鱼。所以在你使用搜索引擎搜索之前，应该先花几秒钟想一下，我要找的东西网上可能有吗？如果有，可能在哪里，是什么样子的？网页上会含有哪些关键字？

（1）常见搜索技巧

①表述准确

百度会严格按照您提交的查询词去搜索，因此，查询词表述准确是获得良好搜索结果的必要前提。

一类常见的表述不准确的情况是，脑子里想着一回事，搜索框里输入的是另一回事。例如，要查找2010年国内十大新闻，查询词可以是"2010年国内十大新闻"；但如果把查询词换成"2010年国内十大事件"，搜索结果就没有能满足需求的了。另一类典型的表述不准确，是查询词中包含错别字。例如，要查找林心如的写真图片，用"林心如写真"，当然没什么问题；但如果写错了字，变成"林心茹写真"，搜索结果就差得远了。

②查询词的主题关联与简练

目前的搜索引擎并不能很好地处理自然语言。因此，在提交搜索请求时，您最好把自己的想法提炼成简单的，与希望找到的信息内容主题关联的查询词。

比如：某三年级小学生，想查一些关于时间的名人名言，他的查询词是"小学三年级关于时间的名人名言"。这个查询词很完整地体现了搜索者的搜索意图，但效果并不好。绝大多数名人名言并不规定是针对几年级的，因此，"小学三年级"事实上和主题无关，会使得搜索引擎丢掉大量不含"小学三年级"但非常有价值的信息；"关于"也是一个与名人名言本身没有关系的词，多一个这样的词，又会减少很多有价值的信息；"时间的名人名言"，其中的"的"也不是一个必要的词，会对搜索结果产生干扰；"名人名言"，名言通常就是名人留下来的，在名言前加上名人，是一种不必要的重复。因此，最好的查询词应该是"时间名言"。

③根据网页特征选择查询词

很多类型的网页都有某种相似的特征。例如，小说网页，通常都有一个目录页，小说名称一般出现在网页标题中，而页面上通常有"目录"两个字，点击页面上的链接，就进入具体的章节页，章节页的标题是小说章节名称；软件下载页，通常软件名称在网页标题中，网页正文有下载链接，并且会出现"下载"这个词，等。

经常搜索并且总结各类网页的特征，就会使得搜索变得准确而高效。

例如，找明星的个人资料页。一般来说，明星资料页的标题通常是明星的名字，而在页面上会有"姓名""身高"等词语出现。比如找林青霞的个人资料，就可以用"林青霞姓名身高"来查询。而由于明星的名字一般在网页标题中出现，因此，更精确的查询方式可以是"姓名身高intitle：林青霞"（intitle，表示后接的词限制在网页标题范围内）。

这类主题词加上特征词的构造查询方法，适用于搜索具有某种共性的网页，前提是，你必须了解这种共性，或者通过试验性搜索预先发现共性。

（2）常见的信息搜索语法

①搜索两个或两个以上的关键字

一般搜索引擎需要在多个关键字之间加上"+"，而常见的搜索引擎无须用明文的"+"来表示逻辑"与"操作，只要空格就可以了。

②搜索某个关键词但不包含某些特定信息

常见搜索引擎用减号"—"表示逻辑"非"操作。

示例：搜索所有包含"上海申花"而不含"足球"的中文网页，则搜索："上海申花—足球"。

需要注意的是，搜索中的"+"和"—"号是英文字符，而不是中文字符的"+"和"—"。此外，操作符与作用的关键字之间不能有空格。

③搜索结果至少包含多个关键字中的任意一个

常见搜索引擎用大写的"OR"表示逻辑"或"操作。

④对搜索结果的网站源头进行限制

"site"表示搜索结果局限于某个具体网站或者网站频道，如"sina.corn.cn""edu.sina.com.cn"，或者是某个域名，如"corn.cn""com"等。如果要

第八章　搜索引擎，跨界拓展新市场

排除某网站或者域名范围内的页面，只需用"—网站／域名"即可。

示例：搜索中文教育科研网站（edu．cn）上所有包含"金庸"的页面，则搜索"金庸site：edu.cn"。

⑤查询某一类文件

"filetype"表示此类查询的语法。一般比较重要的文档搜索是PDF搜索。PDF是Adobe公司开发的电子文档格式，现在已经成为互联网的电子化出版标准。目前Google检索的PDF文档大约有2500万。PDF文档通常是一些图文并茂的综合性文档，提供的资讯一般比较集中全面。

示例：搜索关于电子商务（ecommerce）的PDF文档，则搜索"ecommerce filetype：pdf"。

⑥搜索的关键字包含在URL链接中

"inurl"语法返回的网页链接中包含第一个关键字，后面的关键字则出现在链接中或者网页文档中。有很多网站把某一类具有相同属性的资源名称显示在目录名称或者网页名称中，比如"MP3""GALLARY"等，于是，就可以用inurl语法找到这些相关资源链接，然后用第二个关键字确定是否有某项具体资料。inurl语法和基本搜索语法的最大区别在于，前者通常能提供非常精确的专题资料。

示例：查找midi"沧海一声笑"，则搜索"inurl：midi沧海一声笑"。

⑦搜索的关键字包含在网页标题中

"intitle"和"allintitle"的用法类似于上面的"inurl"和"allinurl"，只是后者对URL进行查询，而前者对网页的标题栏进行查询。网页标题，就是

249

HTML标记语言title中间的部分。网页设计的一个原则就是要把主页的关键内容用简洁的语言表示在网页标题中。因此，只查询标题栏，通常也可以找到高相关率的专题页面。

示例：查找日本明星藤原纪香的照片集，则搜索"intitle：藤原纪香写真"。

3. 通过各种搜索引擎优化整合活动

如家酒店集团拥有如家快捷酒店和和颐酒店两大品牌，近年来在连锁酒店业内迅速崛起。作为业内知名连锁酒店，如家酒店集团的各类酒店门店现在已经遍布全国30多个省和直辖市，覆盖100多座主要城市，拥有连锁酒店500多家，而如家酒店住宿体验也获得了消费者的肯定。乘着2010世博会的东风，整个上海及周边城市对经济型酒店需求急剧上升，而各大酒店的竞争日趋激烈。

在激烈的市场竞争中，如家酒店在保证当前的市场地位的前提下，积极努力争取更多的市场份额，并且努力树立自身品牌正面且年轻的形象。但是，如何能更精准地找到客户群体并与其进行深入的沟通，使企业的信息更有效地传递给消费者，是争取更大市场份额非常重要的一个环节。通过对市场进行全方位的考量和分析，如家选择影响力极大的百度平台，展开了一系列的搜索引擎营销推广活动。联合搜索引擎，优化整合活动的目的在于提升如家品牌的影响力，提高客户忠诚度，并且增加如家在线预订客房的数量。

如家通过百度搜索平台将与如家品牌相关的品牌词汇进行全面的覆盖，通过核心词汇对人群进行检索。更希望通过与世博相关的关键字扩大人群覆盖量，努力增加品牌的曝光率，尽量拦截相关人群关注度，吸引潜在受众。

在对搜索引擎的优化过程中如家还不断强化自身品牌的理念，通过强调酒店的服务定位来吸引适合的客户，并最终使客户体验如家所提供的"宾至如归"的酒店住宿体验。

此外，如家还通过对消费者进行更加细致的划分，梳理出商务出差及休闲旅游人群的特征和对酒店住宿的不同需求，针对休闲人群进行全国范围内的旅游攻略征集活动。借助百度平台，为客户提供旅游休闲中所需要的各种搜索和查询服务，如百度地图。这些服务为消费者提供了良好的用户体验，有助于用户配合完成如家会员卡注册及提高在线订房率的目标。

如家还在各种节日或者活动中寻找酒店推广以及网上搜索的亮点。如在植树节期间，如家就结合了近来环保低碳的热点问题，通过线上的环保小游戏来吸引特定群体的关注，并且提高网友参与活动的活跃度，正面有效地宣传和提升了如家的品牌形象。

(摘自《如家快捷酒店服务营销案例分析》)

如家充分利用百度平台提供的品牌专区的优势，强势推广品牌的形象，并且努力做到最大程度满足网民的品牌检索需求，通过对品牌的搜索优化，引导消费者进入官网，并直接促成在线预订。

通过各种搜索引擎优化的整合活动，如家真正走到了消费者的心里，广大消费者真正体会到了"如家"的感觉。那么，如家的推广方式有哪些值得我们学习的呢？

(1) 品牌专区+关键词

如家酒店集团通过对品牌专区保持每月更新3~4次的节奏，使得酒店官网的点击率从最初的50%上升至60%。而联合百度所推出的"玩遍中国，游我所好"的旅行攻略征集活动，在两个月内就获得超过千万次的浏览量，注册参与用户高达70多万人次，获得了媒体及公关推广50亿次的曝光。

通过品牌专区与关键词相结合的宣传手段，如家实现了对百度搜索平台的多方覆盖，打造了从品牌形象推广到转化线上实际订单的搜索营销战略，更获得了品牌形象提升和传播的双丰收。

(2) 竞价广告+主题形式推广

通过竞价广告的形式增加了如家品牌在搜索引擎上的曝光率，达到了多方位吸引潜在消费者的目的。结合事件营销，如家做到了跨媒体整合，达到了最佳宣传效果。如家还能紧跟时事、热点通过策划不同的主题活动而紧紧抓住网民的眼球,以低碳环保主题带动如家品牌形象的提升。

4. 强强联手,扩展品牌影响度

阿迪达斯是世界著名的运动品牌之一。阿迪达斯近年来越来越注重对中国市场的开发和扩展,因此找到百度与之合作,希望能够将阿迪达斯的品牌形象和品牌概念在网络时代融入广大中国网民的日常生活中。

百度这个覆盖最广的中文搜索引擎也需要努力提升自己的各个社区平台的影响度,以及开发更商业化的发展模式。因此,想通过与阿迪达斯创造一种新型的合作形式来达到在商业品牌的合作,并获得双赢。

阿迪达斯长期在世界的体育用品行业处于相对的领先地位,更是在成为2008年北京奥运会的合作伙伴后,将中国作为其重要市场进行深入开拓。

因此,2008年6月阿迪达斯宣布与中国较具影响力的媒体——百度进行强强联手,打造"阿迪达斯俱乐部",试图为阿迪达斯品牌打造强大的网上粉丝阵营,为阿迪达斯能进一步开拓中国市场打下良好的基础。

"百度作为全球最大的中文搜索引擎,每天能够接受上亿次查询,而这些用户又在各搜索社区平台中沉淀下来,其中有大量爱好体育、喜欢运动、关注运动品牌的年轻人,'阿迪达斯俱乐部'为他们提供了一个展示、交流和互动体验的全新平台。"百度运营副总裁的这段话充分表明了百度与阿迪达斯联合的意义。

选择在2008年打造"阿迪达斯俱乐部"也是希望可以借助网络平台将阿迪达斯的"一起奥运,没有不可能"的新的品牌理念推广开。借助百度这个覆盖中国网民达到95%的传播平台,可以将阿迪达斯的品牌理念深植人心。该俱乐部整合了百度旗下几乎所有的搜索社区平台,包括百度贴吧、百度知道、百度百科社区,甚至还囊括了百度MP3和百度图片搜索,为喜欢运动、热爱生活的网友们提供了互通有无、集中展示的平台,让俱乐部成员在自己最熟悉的平台上以最具个性化的方式来体验互动、结交好友。

在这个以百度为平台的全新的品牌俱乐部中,阿迪达斯可以更好地了解目标客户的需求。百度平台很好地为客户提供了互动体验和个性化的服务,也让俱乐部会员对阿迪达斯品牌有了更加深入的认识。

在"阿迪达斯俱乐部"中有多个自动更新的板块,其中阿迪达斯品牌可以化身为具体的品牌形象与广大网友进行交流、沟通。在沟通中广大网友可以自由地畅谈对阿迪达斯个性、形象等方面的感觉,阿迪达斯形象也可以在交流中纠正用户对品牌的一些误解。俱乐部不仅可以加深用户对品牌的了解,也为品牌提供了比较完善的数据,为进行有效的效果评估提供了数据基础。

通过俱乐部的形式,阿迪达斯还建立了自己的"社交圈",将对品牌感兴趣的用户吸收为"好友",再由好友的圈子中网罗更多对品牌感兴趣的用户,这样就可以将散布在网络各处的阿迪达斯爱好者聚集到俱乐部中。

在百度提供的多种实用社交平台中,阿迪达斯发起多种活动来提升品牌的影响度,在潜移默化中强化了用户对阿迪达斯体育用品品牌形象的认知。

在2008年,百度百科与阿迪达斯共同发起"撰写奥运百科全书"这一活动,这部百科全书成为世界上第一本由奥运会举办地全民参与撰写的百科全书。

这一活动不仅在国内掀起了大众对百度百科和阿迪达斯品牌的关注,甚至在世界舆论方面也都引起了不小的震动,对于树立百度以及阿迪达斯的品牌专业形象都具有深刻的影响。

由于阿迪达斯与百度的合作规模非常大,包含了百度旗下所有的搜索平台,因此,阿迪达斯也充分利用了这些平台的优势和特点。2009年4月,阿迪达斯又联合百度MP3,推出"阿迪达斯乐跑音乐召集令"活动,为百度MP3音乐掌门人制作的运动音乐提供了集中展示的机会。网民只要在网上将自己心中与运动相关的音乐与大家进行分享,编辑成"乐跑音乐专辑"就有机会获得由阿迪达斯提供的新款跑鞋。这一活动很快得到了广大年轻网民以及阿迪达斯品牌拥护者的响应,进一步促进了阿迪达斯运动专业品牌的树立。

(摘自《百度携手阿迪达斯推"俱乐部"创新营销》)

阿迪达斯通过运用网络口碑营销和病毒营销方式达成了与百度的强强联合。通过利用双方的传播渠道，进行跨行业的营销，达到双赢的目的。在百度提供的各种搜索平台上，阿迪达斯将品牌信息和品牌形象全方位地在网络世界中展现，使品牌的宣传力度达到了最大限度的发挥，也同时获得了非常珍贵的品牌营销数据，对广大百度用户形成深度影响——有运动的地方就有阿迪达斯。

百度与阿迪达斯的强强联手有以下两点好处：

（1）全新整合的百度平台

百度与阿迪达斯的携手合作，标志着百度各社区平台的一次全新整合，这也意味着百度可以利用自身的用户和社区资源，更好地为知名品牌提供与用户沟通的桥梁，让知名品牌的影响力扩大，并使知名品牌更快地融入网民的生活当中。

（2）百度、阿迪达斯联手出击创造双赢局面

阿迪达斯在与百度强强联手过程中，获得了品牌方面的巨大提升效果，而百度创造了一次全新的整合方式，为今后与其他更多品牌合作打下了基础。因此，这次合作阿迪达斯借助百度平台的优势成就了自身品牌，而百度通过资源整合以及与强势品牌联合创造了一个有利于自身发展的营销方式，达到了与阿迪达斯的双赢。

第八章　搜索引擎，跨界拓展新市场

5. 整合搜索引擎营销

立邦公司是世界著名的涂料制造商，成立于1883年，已有超过100年的历史，是世界上最早的涂料公司之一。

立邦一直以美化和保护人们的生活为己任，不断创造出品质优越的产品。10多年来，立邦的足迹遍及大江南北，在全国各地都建立有自己的办事机构。立邦在各地的服务中心像一条纽带，将消费者、油漆工、立邦公司和千千万万的家庭联系在一起。

立邦作为亚太地区最大的涂料制造商，其业务范围广泛，涉及多个领域，其中的建筑涂料、汽车涂料、一般工业涂料、卷钢涂料、粉末涂料等更是在行业里名列前茅。广州本田、天津丰田、奥运会重点场馆、中央电视台新楼等，它们的表面无不在立邦涂料的保护下熠熠生辉。

立邦作为全球知名的涂料生产制造商，进入中国后一直在涂料市场中处于领先地位。但是近些年由于品牌形象的守旧和与消费者交流的欠缺，致使立邦涂料在高端市场较竞争对手缺乏优势。

由于涂料行业竞争激烈，立邦在搜索引擎自然排名中状况欠佳，其自然排名往往处在二三页之后，导致很多消费者无法看到立邦的品牌信息。

由于中国油漆家装市场内的大量竞争导致关键词的出价较高，这直接导致了账户管理和优化的难度，CPC（网络广告每次点击的费用）处在一个较高的水平且难以下降。另外，由于立邦网站的优化不完善，搜索引擎识别率差，因此造成了大量的潜在客户流失。

为了改变现状，立邦进行了搜索引擎的优化，首先选择了百度和谷歌的关键字广告投放，另外将谷歌地图和谷歌的投放结合起来，给消费者全面的门店信息。

在这一次投放中，立邦创意性地结合了关键字竞价排名（SEM）、网站优化（SEO）和实体销售店信息结合谷歌地图这三方面内容，融合成完整全面的战略。

通过关键字竞价营销，两个搜索引擎上搜索相关关键字时立邦排名成功进入前位，重新吸引了消费者的关注。在对网站自然搜索结果持续优化后，通过自然搜索结果给网站带来的流量也稳步上升。另外，立邦将3000多家门店信息上传至谷歌地图，以方便消费者和品牌建立更进一步的联系。在上线后，立邦始终针对账户的表现进行分析，不断调整出价，对关键字和账户进行优化，每周和每月对数据进行总结和做出下一阶段的计划。通过搜索引擎优化，立邦涂料的关键字点击数提高了16.30%，平均每次点击价格也通过优化CPC下降了38.98%，搜索结果页面广告平均排名达到1.9。经过几个月的投放后，其整个账户包含近20个广告组、近1000个的关键字,取得了优异的成绩。通过对立邦网站的持续优化,网站的流量增长了155%。使更多消费者重新了解了立邦。

消费者通过导入完整细节的谷歌地图上的立邦门店信息,可以更便利地找到立邦的门店和联系方式,这缩短了消费者和品牌的距离,收到了消费者的良好反馈。(摘自《立邦漆搜索整合营销》)

在谷歌内部,立邦的这个整合营销案例已经被认可作为其内部SEM相关人员分享的案例。在谷歌趋势和百度指数这两个对外开放工具上,都能反映出立邦品牌关注度稳步增长的趋势。

6. 多重形式植入式搜索广告

兰蔻是世界顶级的化妆品品牌,也是化妆品以及护肤品行业的领导者,由法国FBI(France Beaute Industrie)出品,而FBI是法国五大专业护肤品公司之一,始创于1921年。一开始以生产香水为主的兰蔻于1971年进军护肤品市场。兰蔻是FBI旗下非常著名的品牌,不仅仅重视其护肤品和化妆品的质量,也非常在意营销方式的创新,而且非常重视网络营销的运用。

2008年,兰蔻开始注意网络营销中的搜索引擎营销方式。兰蔻决定与百度合作进行搜索引擎信息推广,网民如果登录百度输入"兰蔻"进行搜索,出现在网页第一位的一定是兰蔻网上商城。

人们可以很明显地发现,在百度搜索"兰蔻"时,搜索结果页面出现的不再是单一的普通文字链接,而是图文并茂的兰蔻商城的介绍。兰蔻与百度合作的目的在于将网络中的潜在消费者吸引到其官方网络商城中,进行直接的B2C的消费。

为了配合兰蔻进行季节性产品的促销或最新产品的推广,兰蔻商城还会结合当季宣传重点,在搜索结果页面留出一块兰蔻专属的宣传区域,以图文并茂的形式展现兰蔻的新产品或者核心产品,这样也可以将网络浏览量导入兰蔻的网上商城中,提高网络广告的转化率。

兰蔻还注意挖掘百度搜索引擎的潜力,将其代言人安妮·海瑟薇设置为关键词,当网友对"安妮·海瑟薇"进行搜索时,兰蔻璀璨香水的链接就会出现在搜索结果的页面上,通过这种方式充分发挥明星的代言作用。

兰蔻还在七夕情人节时进行精准的定位。当网民输入"情人节"或"情人节礼物"等关键词时,在右侧的竞价排名栏中第一位出现的就是兰蔻的广告图片,而如此精美的广告很吸引人,大大增加了点击率。

凭借着这些网络营销方式,兰蔻网上商城的商品销量获得了巨大的提升。仅仅在2008年,兰蔻网上商城的商品销量已经相当于全国排名前十位柜台之一的销量,而其中60%的订单转化来自百度搜索引擎。

(摘自《5个SEM搜索引擎营销案例》)

第八章　搜索引擎，跨界拓展新市场

在金融危机中，搜索引擎营销通过长期累积的诸多优势使兰蔻在金融风暴中屹立不倒，并实现华丽转身。

兰蔻与百度的全方位合作采用了多重形式的植入式搜索广告，结合动画、视频、图片等形式丰富了搜索广告。通过百度搜索与产品和品牌相关关键词的用户的数据进行分析，兰蔻可以迅速找到其所要锁定的目标受众，这样也就迅速提高了网上浏览率转化为实际购买率的速度与数量。